本书受到以下基金项目支持

国家自然科学基金项目(71672053)

国家自然科学基金重点项目(71532011)

教育部哲学社会科学研究重大课题攻关项目(14JZD017)

湖北省高校省级教育改革研究项目(2015400)

服务领域的
|来源国效应研究|

张辉◎著

中国社会科学出版社

图书在版编目（CIP）数据

服务领域的来源国效应研究/张辉著 . —北京：中国社会
科学出版社，2018.4
ISBN 978 - 7 - 5203 - 1832 - 7

Ⅰ.①服… Ⅱ.①张… Ⅲ.①服务业—客源市场—研究
Ⅳ.①F719

中国版本图书馆 CIP 数据核字（2017）第 324622 号

出 版 人	赵剑英	
责任编辑	王　曦	
责任校对	王纪慧	
责任印制	戴　宽	

出　　版	中国社会科学出版社	
社　　址	北京鼓楼西大街甲 158 号	
邮　　编	100720	
网　　址	http：//www. csspw. cn	
发 行 部	010 - 84083685	
门 市 部	010 - 84029450	
经　　销	新华书店及其他书店	

印　　刷	北京明恒达印务有限公司
装　　订	廊坊市广阳区广增装订厂
版　　次	2018 年 4 月第 1 版
印　　次	2018 年 4 月第 1 次印刷

开　　本	710×1000　1/16
印　　张	11.25
插　　页	2
字　　数	168 千字
定　　价	48.00 元

摘　要

在服务业迅速发展的今天，跨国服务越来越普遍。中国企业在大量输出服务时，也会遇到类似于"中国制造"所遭遇的来源国形象问题。在此背景下，本书关注了来源国对服务评价的影响，以及服务特征、消费者特征和环境特征对二者关系的调节作用。

全书分为三大部分：导论、文献综述和理论发展及实验研究。导论为第一章，主要论述本书的研究目的、意义及方法。文献综述和理论发展包括第二章、第三章、第四章，主要分三部分展开论述，对文献进行梳理综述为本书奠定理论基础，利用质性研究进一步明确研究框架，并将研究假设具体化。实验研究包括第五章和第六章，通过五个实验对提出的理论框架进行验证分析，并讨论了研究结论的意义及相关贡献和存在的局限性。

本书的具体结构如下：

第一章，导论。通过分析服务经济发展的现象，结合来源国研究的理论，提出了研究问题：来源国是否会影响到消费者对服务的评价？服务特征、消费者特征和环境特征对二者关系的调节作用是否存在？同时，对本书结构、研究内容和研究方法进行了论述，并梳理了整篇文章的研究脉络。

第二章，文献综述。包括三个方面：一是来源国相关文献，主要分析了与产品来源国相关的基本理论和研究成果；二是服务相关文献，主要讨论了服务与产品的差异，包括定义、特征、质量评价等；三是服务来源国相关文献，主要对过去与本书主题结合非常紧密的文献进行了讨论，包括营销、文化、跨国服务等相关研究；四是消费者知识相关文献，主要对研究模型中涉及的消费者知识构念进行了讨论；五是文化距离相关文献，主要对文化、文化距离相关文献进行了述评。

第三章，质性研究。通过访谈、收集第一手资料，明确具体的研究变量，从而为实证研究打下坚实的基础。

第四章，研究框架与假设提出。通过第二章和第三章进行的文献梳理和质性研究，提出研究框架，并就研究框架进行理论演绎，明确具体的研究假设。

第五章，实验研究。研究主题为来源国对消费者感知的影响，本书选择通过实验对研究假设进行验证。包括五个实验，其中：预实验主要是进行实验情境的测试和选择；实验一主要是验证主效应，即来源国对消费者服务评价的影响，以及服务无形性对主效应的调节作用；实验二主要是验证服务互动性对主效应的调节作用，以及服务两种特征的交互情况；实验三主要是验证消费者知识对主效应的调节作用；实验四主要是验证文化距离对主效应的调节作用。从实验结果来看，数据支持了研究假设，即主效应显著，服务特征、消费者特征和环境特征对主效应也存在调节作用。

第六章，研究结论与展望。主要包括三个方面的内容：一是分析研究结果，讨论研究的局限性；二是指出研究的理论贡献与实践贡献；三是明确未来研究方向。

本书以产品来源国、服务等相关文献为基础，明确了来源国对服务评价影响主效应的存在，并从服务特征、消费者特征和环境特征三方面探讨了对主效应的调节作用。将来源国效应的研究拓展到服务领域，探讨了在跨国服务中的消费者感知变化，并揭示了来源国对服务影响的部分机制，对来源国和服务领域研究的发展具有一定的启示作用。同时，本书也对企业操作给出了相关建议。服务企业在实施跨国经营战略时，应注意到来源国的影响，而服务特征、消费者特征和环境特征的调节作用有助于部分服务企业更好地选择目的国，并细分市场。

Abstract

With the rapid development of service industry, cross – border service is increasingly common. Chinese companies export large amounts of services, but also face a similar impression that the problem encountered by the country of origin "Made in China". In this context, this book focuses on the impact of the country of origin on service evaluation, and the moderating effects of service characteristics and consumer characteristics on this relationship.

This book is divided into three parts: introduction, theoretical development and experimental studies. Introduction is Chapter 1 which discusses the article purpose, meaning, method. The theoretical developments include 2, 3, 4 chapters, which expand the literature of theoretical basis and using qualitative research to explore and clear research framework. The experimental studies include Chapters 5 and 6 which, through five experiments, validate the proposed theoretical framework and discuss the significance of the research results and related contributions and limitations.

Chapter 1, through describing the phenomenon of the service economy, combined with the country of origin of the theory, is given the research questions. Whether the country of origin will affect the evaluation of consumer services and whether the moderating effects of service characteristics and consumer characteristics on the relationship between the two exist were discussed. And paper structure, research methods are discussed.

Chapter 2 is literature review dividing into three aspects. As the basic theories, first is the literature the impact of the country of origin on products evaluation. Second point is service literature discussing the differences of definitions, characteristics, quality between services and products. Three is the literature of country of services origin, which is very closely combination with the theme of this study, including marketing, culture and other related research.

Chapter 3 is qualitative research, mainly through interviews, to collect first – hand information, clear and specific research variables, laying the foundation for empirical research.

Chapter 4 is the research model and the assumptions proposed by the first two chapters' literature searching, and qualitative research. The research model and research hypotheses are clearly and specifically interpretive.

Chapter 5 is experimental research. Research topic for the country of origin on consumer perception, have chosen to verify the research hypotheses by experiment. Consists of five experiments, testing and selection of the experimental scenario in which the pre – experiment; experiment verify that the main effect of country of origin on consumer evaluation, as well as intangible services on the moderating role of the main effects; Experiment 2 validation service interaction on the regulatory role of the main effects, as well as the interaction of the two kinds of characteristics of the service; Experiment 3 verify consumer knowledge on the moderating role of the main effects; Experiment 4 verify the cultural distance on the moderating role of the main effects. From the experimental results, the data support the hypothesis. There is a significant main effect, and the service characteristics and consumer characteristics moderated the main effect.

Chapter 6 is conclusions and discussion which analyze the findings, discuss research limitations point out that the contributions to the theory and practice contribution and identify future research directions.

The book, based on related literature of product country of origin and service, confirmed the effect of country of origin on service evaluation and service characteristics and consumer characteristics moderating the main effects. This book expands the study of the country of origin to the service areas, and reveals the mechanism of the impact of country of origin on the service; explore the understanding of consumer perception changes in the cross – border services. The main effect will make enterprises conducting cross – border services, should be noted that the impact of country of origin, and the moderating effects contribute to the enterprise of some service sectors to better select the destination country, and market segments.

目　录

图 目 录

表 目 录

第一章 导论

第一节 研究背景及选题意义

一 研究背景

（一）全球服务业快速发展

自 20 世纪 70 年代开始，全球产业结构发生了较大的转变，服务业快速增长势头日趋明显。据麦格理报告，2016 年，服务业产值在全球经济总量中的占比已上升至 46%，而 1991 年该数值为 34%，过去 25 年服务业新增就业岗位 10 亿个。服务业占国内生产总值的比重超过了 50%，其在发达国家和新兴市场中的表现较为一致。在各国经济总量中，服务业产值占比持续增长，许多国家的服务业产值在国家经济活动中占据了主导地位，具体如表 1 - 1 所示。1997 年至 2014 年，所有收入类别国家的服务业在 GDP① 中的占比均有所提升。其中，高收入国家由 69.5% 增至 73.9%，中高收入国家由 48.9% 增至 56.9%，中等收入国家由 48.1% 增至 55.8%，低收入国家由 40.4% 增至 47.7%。从地域分布看，2014 年，除中东和北非地区外，所有地区服务业增加值在 GDP 中的占比均超过了 50%。从世界主要经济体的发展情况来看，发达国家的服务业产值在 GDP

---

① 国内生产总值（Gross Domestic Product，GDP）是指一个国家或者地区（国界范围内）所有常驻单位在一定时期内生产的所有最终产品和劳务的市场价值。GDP 是国民经济核算的核心指标，也是衡量一个国家或地区总体经济状况的重要指标。

中的占比都达到了 70% 以上，其他国家受本身产业结构的影响，一些以服务业为主的国家，如泰国等，其服务业产值在 GDP 中的占比也超过了 50%，各国每年都在以 2%—4% 的速度增长。同时，很多就业机会都源自服务业，服务经济已经成为国家的核心竞争范畴，是国家国际竞争力的决定性因素。

表 1 - 1　　　　　　　　世界主要国家服务业、制造业产值占比

国家	服务业产值占 GDP 的比重（%）			制造业产值占 GDP 的比重（%）		
	2013 年	2014 年	2015 年	2013 年	2014 年	2015 年
中国	46.7	47.8	50.2	43.9	42.6	40.5
美国	78.2	77.9	77.9	12.5	12.4	12.4
英国	78.8	79.2	79.9	10.3	10.2	9.8
日本	73.8	73.4	73.4	17.8	17.7	17.7
德国	68.9	68.7	68.9	22.5	22.9	22.8
瑞士	73.2	73.6	73.6	18.9	18.6	17.9
泰国	51.6	52.9	55.1	27.7	27.6	26.9

资料来源：笔者根据世界银行世界发展指标以及统计年鉴等资料整理。

服务产业的高速发展，也呈现出了与以往不一样的产业发展特征。服务业与生产制造业结合日趋紧密，生产性服务业逐渐成为主导产业。生产性服务业具有技术含量高、资源消耗少、环境污染小的特点，是典型的技术、知识密集型产业，改变了以往的服务业生产和经营方式。近年来，许多发达国家的生产性服务业已经成为其支柱产业，其增长水平远远超出了服务业的平均水平，产业结构呈现出了生产性服务业占绝对主体地位的格局。

同时，高新技术也为服务产业的发展提供了良好的基础。信息技术等高新技术的快速发展较好地支撑了服务业的发展，推动服务业不断转向知识、技术密集型产业。一方面，高新技术为传统服务业产业提供了创新基础。健康、教育、法律、咨询等传统服务产业迅速转型，引入新管理方式、新经营模式，形成新兴服务业。另一

方面，商贸流通、支付汇兑领域采用最新信息技术，不断为人们的日常工作生活提供便利。信息技术的发展打破了三大产业间的传统界限，呈现出了服务业制造化和制造业服务化的产业融合发展新趋势。

（二）中国服务业产值在 GDP 中的占比不断提升

从近几年的数据来看，中国服务业产值在 GDP 中的占比也在不断提升，2015 年，该指标达到了 50% 以上，相关数据显示，2016 年中国服务业产值占比仍会有一定提升。2016 年上半年，我国服务业增加值为 184290 亿元，增长 7.5%，占 GDP 的比重为 54.1%，比第二产业高出了 14.7 个百分点，较上年同期提高了 1.8 个百分点。服务业对国民经济增长的贡献率为 59.7%，比第二产业高出了 22.3 个百分点。服务经济对就业也具有显著的拉动作用，快速消化了一些由于制造业增速减缓溢出的劳动力。据测算，每投资 100 万元，重工业可以提供 400 个就业岗位，轻工业为 700 个，服务业为 1000 个。互联网更是放大了服务业对就业的促进作用，2015 年，人力资源和社会保障部发布报告指出，我国网络创业就业已累计提供岗位超过了 1000 万个，并有力缓解了近几年的就业压力。服务业在供给侧结构性改革中，实现创新发展，不断创造和引领新的消费需求，为推动国民经济稳定发展发挥了重要的作用（许剑毅，2016）。从目前来看，国内服务业投资保持了较高的增长速度，高于第二产业，占全部固定资产投资的比例也在不断上升。2013 年 11 月 12 日，中国共产党第十八届中央委员会第三次全体会议通过《中共中央关于全面深化改革若干重大问题的决定》（以下简称《决定》），《决定》指出将推进金融、文化、医疗等服务领域有序开放，放开育幼养老、建筑设计、会计审计、商贸物流、电子商务等服务业领域的外资准入限制（新华社，2013）。以上政策措施都极大地促进了我国服务业的加速发展与对外开放，对服务业保持较快发展起到了良好的支撑作用。

另外，服务经济一般被狭义地理解为第三产业，但从中国国内经济发展情况来看，服务经济所指更为广泛，不仅是指单纯的第三产业，更应包括产业服务化和生产服务的发展，即通过服务获得的产业经济效益提升。生产服务主要是为生产提供服务，如金融、研发、咨询、运输等。生产服务业整体处于欠发达状态，质与量均不足，供给能力和水平难以满足生产企业的需要。以金融业为例，其不仅是经济的重要组成部分，而且在各部门、各行业的生产运营中发挥着沟通，即"润滑油"的作用。因此，大力发展多层次金融市场，扩展我国金融市场的深度和广度，发挥金融服务在市场资源配置中的作用，有助于中国经济快速、平稳转型。产业服务化在国内被较多地提到，如"互联网＋"的国家战略正是产业服务化的最好例子。互联网、TMT① 本身就是服务业，当服务业促进传统制造业转型时，会迸发出更为强大的经济推动力。但在实际经济统计中，很多这样的数据没有被列为服务经济。例如，国内知名企业华为，虽自身定位为"作为全球领先的信息与通信解决方案供应商，为电信运营商、企业和消费者等提供有竞争力的端到端 ICT 解决方案和服务"，其所提供的硬件设备仅是服务的载体，但其在国民经济统计中仍被归为制造业，因此国内服务经济的统计数据仍过小（付立春，2015）。

与此同时，国内服务经济发展也有一些需要继续提升改进之处。一是与发达国家相比，中国服务经济的总量占比仍偏低（李维民，2015）。发达经济体服务业占 GDP 的比重一般为 70％—80％，而我国该指标不足 60％。2014 年，全球服务贸易占对外贸易的比重大约为 20％，而我国服务贸易占比仅为 14.6％，也没有达到全球平均水平，占比依然较低。

---

① 数字新媒体产业（Technology，Media，Telecom，TMT）是取科技、媒体和通信三个英文单词的首字母缩写，其是指在未来互联网科技、媒体和通信等信息技术融合趋势下所产生的产业。

二是中国服务业实际开放度仍然较低。单纯从数据来看，在WTO①160多个服务贸易部门中，中国已经开放了100个，占服务部门总数的62.5%，远高于发展中国家的平均水平，接近发达国家的平均水平。但由于服务业开放内容相对复杂，包括开放的业务范围、开放地域、股比限制、业务许可、企业形式、经营年限要求、从业资格、审批权限等，因此，开放的部门数量并不能完全反映服务业的实际开放水平（刘旭，2014）。而从实际效果来看，中国服务业的开放程度远远落后于制造业，许多服务业的对外开放都是在20世纪90年代才开始的。以利用外资为例，长期以来，服务业利用外资占全国利用外资总额的20%左右，只是近几年来，服务业利用外资的比重明显上升，并超过了制造业。但从行业结构来看，中国服务业外国直接投资FDI②主要集中在房地产和社会服务业等消费者服务领域，特别是房地产所占比重过高，而科学研究和综合技术服务所占比重相对较低。机场管理、公路客运、市场调研服务、印刷和出版服务等部分行业尚未向外资开放。在外资进入形式、股权比例和业务范围等方面有很多限制，在准入资质门槛方面设立了较高要求，包括注册资本、资质、业绩等。在实际操作过程中，开放的实施细则和配套政策措施不够完善，可操作性较低。服务业开放程度较低，在一定程度上减缓了中国服务业的发展速度，导致市场自由化程度较低，服务业的国际化水平难以提高。

（三）国际服务贸易额不断增长

近年来，世界经济复苏缓慢，总体经济增速趋缓，同时，还不断受到新贸易壁垒主义思潮、消费市场乏力等因素的影响。但从全

①　世界贸易组织（World Trade Organization，WTO），简称"世贸组织"，取代成立于1947年的关贸总协定（GATT）。负责管理世界经济和贸易秩序，总部设在瑞士日内瓦莱蒙湖畔。其基本原则是通过实施市场开放、非歧视和公平贸易等原则，实现世界贸易自由化的目标。

②　外国直接投资（FDI）是指在投资人以外的国家所经营的企业拥有持续利益的一种投资。FDI是资本国际化的主要形式之一，目的在于获得企业经营管理的发言权。

球服务贸易①情况来看，得益于服务经济的高速发展，仍亮点不断，世界主要经济体的服务贸易额不断增长，具体如表 1 - 2 所示。

表 1 - 2　　　　　　　　　世界主要国家服务贸易额

国家	服务贸易出口额（亿元）			服务贸易进口额（亿元）		
	2013 年	2014 年	2015 年	2013 年	2014 年	2015 年
中国	2057.8	2794.2	2854.7	3294.2	4508.1	4663.3
美国	6786.3	7229.3	7305.9	4357.4	4570.3	4671.4
英国	3312.5	3560.9	3405.0	2010.9	2109.2	2065.8
日本	1328.2	1593.3	1582.2	1690.5	1906.1	1744.4
德国	2664.2	2858.4	2594.4	3277.6	3368.5	2963.5
瑞士	1124.2	1193.1	1109.1	922.6	981.3	923.8
泰国	583.9	551.8	613.9	545.9	529.1	506.3

资料来源：根据世界银行世界发展指标等资料整理。

由于服务业本身结构不断发生着变化，对世界经济发展的影响不断深化，以服务业发展为基础的服务贸易也呈现出了许多新的特点（赵瑾，2017）。近年来，国际服务贸易的增速明显高于 GDP 和货物贸易的增速。其中，转型经济国家、发展中国家服务贸易出口增速超过了发达国家。发展中国家打破了长期以来发达国家主导国际服务贸易的利益格局，全球服务贸易出口占比突破了 30%，而且在旅游、建筑、运输、其他商业服务、计算机和信息服务五大产业出口中的占比接近或超过了 40%。同时，世界上最大的两个发展中国家——中国和印度都跻身全球十大服务贸易出口国的行列。2015年，中国仅次于美国，成为全球第二大服务贸易国，发展中国家的服务贸易额在全球的占比达到了 36%。

――――――――

① 服务贸易包括加工服务，维护和维修服务，运输、旅行、建设、保险和养老金服务，金融服务，知识产权使用费及电信、计算机和信息服务，其他商业服务，个人、文化和娱乐服务以及别处未提及的政府服务。

国际服务贸易快速发展，使全球服务贸易规模达到了一个新的高度，2005 年至 2015 年，全球服务贸易规模翻了一番，接近 10 万亿美元。2015 年，虽然全球贸易增速低于经济增速，且出现了负增长（−13.23%），但服务贸易增速下滑速度仍低于货物贸易。在全球价值链的形成过程中，服务业也发挥了重要的作用。联合国贸易和发展会议数据显示，目前在贸易总出口中，虽然制造业贸易总量仍高于服务业贸易总量，但从出口增加值的创造方面来看，服务业要高于制造业，出口增加值的近一半都来自服务业。

服务贸易已经成为促进经济增长和扩大就业的驱动力。服务贸易新的增长点不断涌现，新兴服务增长迅速。联合国贸易和发展会议数据显示，2005 年至 2015 年，服务贸易四大类统计中，运输、旅游两项传统服务的出口比重有所下降，下降了近 9 个百分点，而包括计算机和信息服务等新兴服务在内的其他服务在出口中的占比有所提高，增长了近 5 个百分点，占到了服务贸易出口的一半以上。在其他服务出口中，其他商业服务、计算机和信息服务的占比明显提高。2015 年，国际服务贸易中占比排名前三位的服务为其他商业服务，电信、计算机和信息服务，金融服务，分别由 2005 年的 19.36%、7.78%、8.07% 增长至 2015 年的 21.25%、9.79%、8.63%。

同时，从服务贸易发展情况来看，《国际服务贸易协定》（TISA）[1]多边谈判协议与 WTO 多边谈判协议《服务贸易总协定》相关内容兼容趋势日益明显。后期的服务贸易谈判会覆盖金融服务、ICT 服务[2]、专业服务、海运服务、空运服务、快递服务、能源服务、商人临时进入、政府采购、国内管制的新规则等几乎所有内容，随着

---

[1] 《国际服务贸易协定》（*Trade in Service Agreement*，TISA）简称《服务贸易协定》，是由少数 WTO 成员组成的次级团体，主要由以美国为主导的发达国家推动，目前有 23 个成员，所占全球服务贸易的比重接近 70%。TISA 谈判由美国和澳大利亚等国发起，是一种新的服务贸易谈判策略，致力于推动服务贸易自由化的贸易协定。

[2] ICT（Information and Communication Technology）即信息和通信技术，是电信服务、信息服务、IT 服务及应用的有机结合。

新协议谈判的推进，新一轮服务贸易自由化将会来临，届时将会更好地促进世界服务贸易的发展。

（四）"中国制造"模式难以为继

改革开放以来，中国制造业发展取得了巨大的成就，产值规模已位居世界第一。2010 年，"中国制造"已占全球制造业份额的14%，位居全球第二。在现有的 22 个工业大类中，有 7 大类产业规模位居世界第一，210 多个工业产品总量居于世界首位。工业产品出口已占全球工业贸易额的 12.7%，中国已成为世界第一大工业品出口国（莫玮，2010）。但因受到金融危机的影响，在新技术不断涌现、全球产业结构不断调整的背景下，"中国制造"面临着巨大的挑战，目前的"中国制造"模式在新形势下已难以为继。一是中国制造成本优势不再。中国的制造成本已经与美国相差无几。全球出口量排名前 25 位的经济体，以美国为基准（100），中国的制造成本指数是 96，即同样一件产品，在美国制造成本是 1 美元，那么在中国则需要 0.96 美元，双方差距已经极大缩小（范晓，2015）。成本提升的原因，以 2004 年至 2014 年的十年变化为例，主要有：中国工人的薪资提高，经生产力调整后的工资水平，中国工人的时薪涨幅达 187%；汇率上升过快，人民币对美元的汇率上升了 35%；能源成本中最重要的电力成本和天然气成本分别上升了 57.1% 和138%。另外，还有一致公认的中国物流成本高，物流环节中的各种税费加重了企业负担等。2013 年，我国社会物流总费用共计 10.2万亿元，同比增长 9.3%，增幅较上年同期回落 2.1 个百分点，占GDP 比重为 18.0%（墨林，2014）。在发达国家中，美国此项占比为 8.5%，中国高出近 10 个百分点，与我国经济发展水平基本相当的金砖国家的此项占比相较于我国也至少低了 5 个百分点，其中印度为 13.0%，巴西为 11.6%。

二是"中国制造"品质仍未得到认可。在经济全球化的今天，中国在世界经济中扮演着"世界加工中心"的角色，成为世界经济增长的发动机。中国有近 200 种产品的产量位居世界第一，"made in china"渗透到了世界上每一个国家,中国产销量高居全球榜首的产品数以百计。但是,由于没有品牌或品牌影响力太低,作为"制造大国,经济大国,品牌小国"的中国,几十年来只能一直处于全球产业链的低端。中国企业进入《财富》世界500强的数量虽在逐年增加,2015年达到了110家,排名第二,但在2015年的《世界品牌500强》排行榜中,入选的中国品牌仅有31个,排名第五(电视评论,2016)。品牌上的劣势挤压了"中国制造"的生存空间,产业链的低端地位造成"中国制造"利润微薄,难以投入大量资金用于品牌建设和企业创新,由此形成了恶性循环。随着消费者对产品品质需求的提升,品牌弱势的掣肘更趋明显。"中国制造"的变革将不仅是发展之路,更是生存之道。

同时,从创新的角度提升"中国制造"品质也受到了诸多制约。全球经济正在发生新的变化,技术创新已经成为全球竞争的主要着力点。阻碍我国制造业实现产业升级的最大瓶颈,是技术开发能力的不足(控制工程网,2016)。我国制造业技术创新的基本模式是"引进消化型"。通过引进技术消化吸收和部分自主开发,近些年各行业技术创新能力都有了不同程度的提高,但从总体来看,技术创新能力仍然欠缺。大部分设计和制造性技术依靠从国外引进,具有自主知识产权的技术较少,原创性的产品和技术则更少(戴廉,2006)。有关资料显示,美国、德国、日本等世界主要发达国家近年来纷纷实施以重振制造业为核心的再工业化战略,采取措施加大原创性技术创新力度,发展高端制造业,抢占新一轮科技制高点。如美国集合社会资源,构建新的制造创新研究体系,计划在制造工艺、先进材料及其加工工艺、高效能技术及其平台等优先领域建设制造创新研究中心,以此振兴美国的制造业,并引发制造技术的变革。我国原创性技术创新力度不足,严重影响和束缚了我国向制造强国迈进,制造业关键核心技术和共性技术与国外相比仍有较大差距(中研网,2014)。美国等发达国家重新关注实体经济的发展,提出了再工业化、低碳经济、智慧地球等战略性新的理念,并纷纷加大科技投入，试图在新能源、新材料、航空航天、电子信息、生态环保、生命科学等战略性新兴产业领域保持竞争优势，抢占未来科技进步和行业发展的制高点。近几年的技术创新突破，也将成为"中国制造"能否在新时期引领世界经济发展的分水岭。

（五）中国亟待打造服务品牌

中国经济处于转型关键期，改革创新成为经济发展的新常态。李克强总理在 2014 年的 APEC 会议上也指出，世界经济的复苏靠创新，中国经济的持续健康发展要靠改革创新。服务业是国家战略调整最重要的领域，也是今后经济发展最大的动力源（姜明，2015）。从目前国内的经济社会发展情况来看，中国服务业的发展也面临着前所未有的机遇。一是工业转型升级推动了生产性服务业的发展壮大。新一轮科技革命与我国经济转型升级的结合，形成了以科技为基础的"工业 4.0"的发展契机，生产性服务业为制造业智能化、数字化革命提供了解决方案。二是国内人口城镇化率不断提升，为生活性服务业发展释放了巨大的发展空间。从国际经验来看，从工业化中后期走向工业化后期，城镇化率至少要达到 60% 以上。2015 年国民经济运行情况数据显示，从城乡结构看，城镇常住人口共计 7.7116 亿人，较上年末增加了 0.22 亿人，乡村常住人口共计 6.0346 亿人，较上年末减少了 0.152 亿人，城镇人口占总人口的比重为 56.1%（国家统计局，2016）。我国城镇化还有一定的提升空间，城镇化率每提高 1 个百分点，就会带动服务业增加值比重提高 0.77 个百分点。以此估算，城镇化率有可能带动服务业比重提高 4 个百分点左右。三是消费升级推动服务业持续发展。2016 年上半年，全国居民人均消费支出为 8211 元，同比增长 8.8%。食品、衣着、生活用品等基本消费平稳增长，发展享受型服务消费增速明显较快。其中，教育文化娱乐、医疗保健支出分别增长 12.9% 和 13.2%，占比相较于上年同期均有明显提高。全国旅游示范区建设加速推进，乡村旅游、红色旅游等个性化旅游持续升温，上半年国内旅游人数 22.4 亿人次，国内旅游收入达到 1.9 万亿元。与此同时，各级文化文物单位积极开发文化创意产品，文化娱乐市场快速发展。上半年，全国电影票房收入达 246 亿元，同比增长 21%。此外，体育经济"跑步"前进，群众体育赛事活动逐步兴起。"十三五"期间要顺应消费结构升级的时代潮流向，消费大国大踏步前进，重在加快消费驱动的经济转型，以消费引领创新、以创新引领供给，在扭转投资与消费失衡格局的同时，为我国服务业主导的经济转型提供内生动力。四是加快服务业领域的市场开放，形成服务业主导的经济新格局。2013 年，我国服务贸易进出口总额在全球服务贸易中的占比为 6%，仅为货物贸易占比的 1/2。从国际比较情况来看，2013 年全球服务贸易在全球贸易中的占比达到 20%，而我国服务贸易在贸易进出口总额中的占比仅为 11.5%，低于全球平均水平 8.5 个百分点。因此，应抓住全球服务贸易快速增长的新机遇，扩大服务贸易比重，初步实现建设服务贸易强国的战略目标；以生产性服务业"走出去"为重点带动制造业在全球范围内配置资源，初步形成中国制造业全球布局的新格局（迟福林，2015）。

作为全球产业结构升级和国际产业转移的重要内容，服务贸易在国际投资和贸易中的地位不断提高，各种形式的服务贸易也随之迅速崛起，国际服务贸易额大幅增加，占到了贸易总额的 20% 以上。2009 年，在金融危机的背景下，服务贸易更是成为推动全球经济复苏的新动力，服务业跨国转移和要素重组成为新一轮国际产业转移的重点（商务部新闻办公室，2009）。从全球情况来看，服务业中的外国直接投资（FDI）快速增长，2010 年，全球外国直接投资达 1.12 万亿美元，其中服务业占比达 50% 以上，同比增长 17.4%，服务业已经在跨国经营中占据了重要地位；离岸外包①成为新兴服务形态，2010 年，全球离岸服务外包市场规模约为 1080 亿美元，离岸服务需求成长速度在 14%—20%，为发达国家和发展

---

① 离岸外包指外包商与其供应商来自不同国家，外包工作跨国完成。在经济全球化背景下，离岸外包通过国际合作，利用国家或地区间在成本上的差异，可以使企业降低生产成本，增强竞争力。

中国家都带来了国际化的机会，推动了服务产业链的更新升级；服务型跨国公司经营战略不断升级，控制能力不断增强，通过自主选择东道国市场，全面扩张优化全球市场战略布局；随着全球客户开始采用云服务等新技术，依托现代信息产业的发展，服务业需求将进一步得到释放，现代服务业将成为新经济条件下的朝阳产业（吴晓云，2010）。2012 年 11 月，党的十八大报告中明确指出，要大力推动服务业的发展，促进经济转型和产业结构调整。李克强总理在 2013 年的京交会上，也提出了中国发展服务型经济的施政理念。2016 年，全年国内生产总值 744127 亿元，较上年增长了 6.7%。其中，第一产业增加值 63671 亿元，增长了 3.3%；第二产业增加值 296236 亿元，增长了 6.1%；第三产业增加值 384221 亿元，增长了 7.8%。第一产业增加值占国内生产总值的比重为 8.6%，第二产业增加值占国内生产总值的比重为 39.8%，第三产业增加值占国内生产总值的比重为 51.6%，第三产业增加值占比比上年提高 1.4 个百分点（国家统计局，2017）。"中国服务"成为继"中国制造"后国家战略转型的选择，很多中国服务企业走上了国际化之路，中国服务业的开放水平也高于相同经济发展水平国家，在世界服务贸易中扮演着重要的角色（陈宪，2014）。

经过三十多年的发展，中国已经成为名副其实的"世界工厂"，"中国制造"遍地开花。但在金融危机的背景下，贸易保护主义抬头，各国都在寻求可持续、负责任的发展模式，"中国制造"模式难以为继。大力发展知识密集和劳动密集共同聚合，开放和清洁环保的服务贸易会成为引领世界经济复苏的主要动力。"中国服务"也将成为继"中国制造"后国家战略转型的选择（中国服务发展论坛，2010；孙林岩、朱春燕，2011）。

从国内情况来看，中国需要深度参与经济全球化，以适应世界经济向服务型经济转型的总体趋势，承接服务业国际转移，提升国家在全球价值链中的战略地位。发展服务贸易，适当缩减贸易顺差，引进先进技术，通过消化、吸收、创新提升中国产业的技术水平，推动"中国制造"品质提升。通过加快服务业的发展，提升产品的核心价值和附加价值，增强中国制造业和货物贸易的国际竞争力。发展服务业，降低能耗，促进制造业转型升级，保障大量社会就业。服务业已成为中国经济转型、优化产业结构、实现经济增长模式转变的必由之路。

近年来，通过实施服务业"引进来"与"走出去"战略，中国正在努力提高服务业对外开放水平，扩大服务进口，服务贸易额稳步提高，为国内经济持续稳定发展打下了坚实的基础，也为世界经济复苏做出了巨大贡献。2014 年，国内生产总值达 636463 亿元，较上年增长了 7.4%。其中，第一产业增加值 58332 亿元，增长 4.1%；第二产业增加值 271392 亿元，增长 7.3%；第三产业增加值 306739 亿元，增长 8.1%。2014 年，全国服务业增加值占国内生产总值的比重为 48.2%，继续超过了第二产业，第三产业增加值的增速也快于第二产业的 7.3% 和第一产业的 4.1%，服务贸易进出口总额达 6043.4 亿美元，同比增长 12.6%（商务部，2015）。2015 年 1—7 月，全国共设立外商投资企业 14409 家，同比增长 8.8%；实际使用外资金额达 4710.7 亿元，同比增长 7.9%。加快服务业发展也是加入世界贸易组织进行产业开放的必然进程，世界贸易组织规定的 160 个服务业门类，中国已开放了 106 个，与发达国家的水平相近，还将继续开放金融、零售、物流等服务行业（谢利，2010）。2014 年，我国货物进出口总额共计 264335 亿元，较上年增长 2.3%。其中，出口 143912 亿元，增长 4.9%；进口 120423 亿元，下降 0.6%。进出口差额达 23489 亿元，较上年增长了 7395 亿元。全年服务进出口总额共计 6043 亿美元，较上年增长 12.6%。其中，服务出口 2222 亿美元，增长 7.6%；服务进口 3821 亿美元，增长 15.8%。服务进出口逆差 1599 亿美元（国家统计局，2015）。2014 年全年非金融领域新设立外商直接投资企业 23778 家，较上年增长 4.4%；实际使用外商直接投资金额 7364 亿元，按美元计价为 1196 亿美元，增长 1.7%。虽然与发达国家服务业相比，中国服务业尚欠发达，但近几年的相关数据显示，2015 年，中国的服务业增长率达到了 8.4%，在 GDP 中的占比已超过了 50%，其中，60% 中国的引资都集中在了服务业。中国服务业有着广阔的发展前景，预计 2020 年产值将会达到 1 万亿美元（王晶晶，2016）。

近年来，我国服务业发展迅速，服务业在国民经济中的占比不断提升，经济支柱作用越来越显著，随着其发展开放水平不断提高，服务业在世界服务贸易中扮演着重要的角色。从服务企业成长层面来看，服务企业国际化有着很强的内生需求。随着经济的发展，产业全球化的驱动力也越来越强，包括实现全球服务供应链上最低运营的成本因素，全球统一服务和迅速展开的渠道等市场方面因素，争夺国际市场和整合贸易资源等竞争方面因素，信息技术提供的协调成本更低、管理效率更高的技术方面因素。

与此同时，值得我们关注的是，在国内服务业快速发展、服务贸易快速增长的背景下，贸易逆差数额依然十分巨大。2014 年 1—12 月，我国国际收支口径的国际服务贸易收入累计达 11380 亿元，服务贸易支出累计达 23543 亿元，逆差累计达 12163 亿元。当然，服务贸易逆差的形成有我国机制不完善、传统服务贸易发展滞后等多种原因，但从服务市场的角度来看，根本原因在于消费者，特别是国外消费者对中国服务产品本身的评价不高。其实，我们也不妨从先期在全球形成规模和影响的"中国制造"现象中找经验，由于国家形象的影响，即便今天中国已成为世人瞩目的制造大国，但"中国制造"仍未摆脱"低质廉价"的评价（吴学安，2010）。与"中国制造"相似，"中国服务"也更多与"盗版""不守合同""低端"等负面词语相联系，甚至成为低质、不安全、廉价的代名词（齐洁，2010；袁治，2010）。虽然国家推出了"一带一路""大众创业、万众创新"等一系列经济利好政策，但中国企业"走出去"战略仍处于学习阶段，将企业融入到国际经济体系中，特别是当地文化之中，仍存在很多障碍（徐瑾，2014）。相对于制造业更多依靠产品的功能绩效来说，服务业更多依靠的是文化交融与人际互动，若想取得更好的绩效，就要面临更多的挑战，也更难获得国外消费者的认可。从新闻报道和网络留言来看，中国服务的形象也确实没有得到大多数消费者的认可。2014 年，英国广播公司就其他国家对中国人的评价进行了调查，发现持负面态度的占比较高，也从客观上制约了"中国服务"国际化发展的进程（孙进，2014）。中国企业仍处于国际服务供应链中的低端位置，大多数企业从事着为发达国家服务企业外包的低附加值服务，中国服务企业走出国门之路困难重重（季琦，2008）。

值得注意的是，在中国所有的服务贸易中，信息技术外包和创意产品服务发展迅速。2014 年，中国企业共签订服务外包合同 20.4 万份，合同金额和执行金额分别为 1072.1 亿美元和 813.4 亿美元，分别同比增长 12.2% 和 27.4%，服务外包合同金额首次突破千亿美元。主要方式为信息技术外包，如呼叫中心、网络管理、业务流程管理等（驻悉尼总领馆经商室，2015）。2002 年至 2010 年，创意产品服务的出口额更是占到了全球市场份额的 21%，年均增长 14% 以上，达 850 亿美元（倪元锦，2010）。从服务贸易逆差的构成来看，其行业集中在运输、专有权利使用费和特许费、保险服务等，而计算机和信息服务、咨询等部分高附加值行业服务贸易保持顺差。为何中国服务企业在这些领域中发展迅速，而在其他领域发展相对缓慢呢？同时，在国际服务市场中，很多与中国一样，同为发展中国家的服务形象却得到了消费者的认可，如印度的软件外包、菲律宾的家政、埃及的数据处理等（胡英化，2009；黄培昭、陈煦，2010；师卫娟，2011），为什么会出现这种现象？

早在 20 世纪 60 年代，营销学者就开始关注此类现象，即来源国（Country of Origin）对来自该国产品的影响，并且成果十分丰富。由于来源国与来源国形象在大多数文献中的含义一致，因此以下不做区分。来源国作为一种重要的信息线索（Min Han，1989），可以提升企业跨国经营的竞争力，不仅得到了企业的关注，还引起了国家和行业层面政策制定者的重视（Papadopoulos，Heslop et al.，

2000）。由于过去大多数跨国公司或跨国贸易都是以实体产品交换为基础，大量文献关注"made in"作为产品评价线索对消费者的影响，集中关注了产品来源国问题（Nagashima，1970；Verlegh and Steenkamp，1999）。认为消费者对于经济发展程度高的国家会产生好的来源国形象，好的来源国形象又会正面影响消费者对产品的评价，消费者的动机、能力、个人特征及产品特征等因素会调节来源国效应（Verlegh and Steenkamp，1999）。

相对于制造业，服务业的开放和跨国转移出现得较晚，且服务评价涉及情境、文化、互动等很多因素，学者关于来源国对服务评价的影响研究很少（Nijssen and Herk，2009）。那么在服务领域是否存在来源国现象？如果存在来源国现象，来源国对服务的影响与产品来源国的差异在何处？来源国会如何影响消费者对服务的评价？哪些因素又会影响到服务来源国与服务评价的关系呢？

二　选题意义

20世纪60年代，全球跨国贸易额不断增长，来源国研究随之兴起（Darby and Karni，1973；Pickett，Gardner et al.，2004）。至90年代中后期，跨国企业发展壮大，出现了来源国分解等新情况，成果又相对集中于制造国、组装国与成分国分离的情况（Chao，1993；Tse and Wei-na，1993；Lee and Bae，1999）。近几年，随着各国对国家品牌的重视，又出现了大量对于国家品牌、国家形象等构念的讨论（Lala，Allred et al.，2009；Roth and Diamantopoulos，2009；Samiee，2010）。随着服务业对各国经济的贡献持续增加，服务经济的地位将更加突出，服务贸易也将更加活跃，成为国内外经济持续发展的引擎，来源国对服务评价的影响研究也将成为来源国研究的重点。本书关注服务领域的来源国效应的作用机制，从服务与产品的不同特征、文化差异等影响因素出发，研究来源国对消费者服务评价的影响，有着重要的理论和实践意义。

从研究视角来看，本书基于跨国服务贸易快速发展、中国服务面临形象构建问题的背景，选择研究服务领域中的来源国现象，从来源国形象的基础载体出发，从而与产品来源国研究结论相区分。现有来源国文献讨论主要限于产品来源国，本书将拓展来源国研究领域结论，对服务领域来源国的探讨也会深化对服务与产品差异的理解。从跨国服务文献来看，其讨论较多的是服务位置、旅游目的地对消费者偏好及选择的影响，仅限于区域经济学、国际贸易学、城市营销学等领域的研究范畴，对消费者心理作用机制关注较少，但从服务选择行为来看，背后支撑更多的是消费者心理。本书从来源国形象产生的心理机制的视角出发，了解影响行为的内在工作方式，能够更加深入地反映消费者对跨国服务偏好的更深层次的原因。

从研究内容来看，通过对服务中的来源国效应及服务、消费者、环境等特征的调节作用研究，会丰富现有产品来源国研究的结论，形成产品与服务的研究系统，深入了解来源国影响消费者的作用机制。对于服务特征的调节作用研究，会有助于从服务本质上理解服务来源国效应的作用范围，即在市场中的作用边界。具体来说，服务特征中的无形性、互动性反映了形象构建中的难点，以及与产品有形性、可接触性的差异，在消费者网络行为频繁、数字化生存的背景下，有较广泛的理论应用拓展空间；通过对于消费者特征的调节作用研究，可更好地了解服务来源国效应的作用方式，以及对不同消费者的影响差异。消费者知识会涉及信息线索的使用，一直以来都是来源国研究领域关注较多的变量。由于服务本身的特殊性，消费者知识会对评价产生更大的影响；对于环境特征的调节作用研究，特别是文化距离，反映了不同消费者的文化，有效契合了服务来源国研究背景中的跨文化现象，会进一步深入了解跨国经营中环境变化对消费者评价的影响。

从研究方法来看，本书采用了质性研究与量化研究结合的方式，有效避免了单一方法对结论信度、效度的影响。质性研究能够提供更为丰富的研究素材，从大量信息中，得到相关的理论建构基础，以弥补服务领域来源国现象理论支撑的不足。量化研究采用了调查法、实验法。调查法保证了样本量，取得了较好的实验背景素材；实验法作为心理学研究中常用的方法，通过对相关变量的操纵，更为清晰地讨论了变量间的相关关系，有效支撑了本书的理论假设。

具体来说，从理论贡献上来看，主要包括四个方面：一是确定了服务领域中的来源国效应的存在。不仅在营销领域，在国际贸易、跨文化、旅游等领域的研究中也都反复证实了来源国现象的存在。但从服务领域来说，在现有文献中，对来源国与服务评价因素关系的研究较为缺乏，大多是产品来源国中的附带研究或跨国服务比较研究得出的结论，很难从复杂的研究背景中，得到相对有效的关于服务来源国的结论。加之文化背景上的差异，需要跨文化的服务来源与被试，服务来源国研究的样本选择相对困难，研究的内部效度不高（Javalgi, Cutler et al., 2001）。本书选择市场中的服务场景，对来源国与消费者服务评价间的关系进行深入探讨，通过对消费者质量评价等结果变量的研究，确定了服务领域中来源国对于消费者评价的影响。

二是从服务特征出发，突出了来源国对服务和产品的作用差异。来源国与服务评价的关系会受到很多因素的影响，主要探讨服务特征对来源国效应的影响，无形性和互动性决定了服务与产品的本质差别，突出了服务与产品的不同，有助于深入理解服务来源国的特殊作用机制。为厘清服务营销与产品营销的不同思路、了解消费者评价的差异，指明了理论发展方向。同时，也为在特定的来源国形象背景下，削弱或强化服务领域的来源国效应提出了相关解决思路。

三是探讨了消费者特征对来源国与服务评价关系的调节作用。消费者特征是过去产品来源国研究中经常讨论的因素，但从消费者知识等消费者特征来看，出现了与产品来源国效应中不同的调节方向，体现出服务评价与产品评价的不同之处，为服务国际化过程中的消费者选择以及顾客教育提供了参考。

四是探讨了环境特征对来源国与服务评价关系的调节作用。来源国情境都涉及跨文化现象，要想在国际服务贸易中获得竞争优势，对环境特征影响的了解必不可少，因此，环境特征的重要性在跨国服务领域显得特别突出。本书具体讨论了文化距离的作用，服务涉及顾客与服务提供者的合作，需要共同创造服务价值，而文化距离会在较大程度上决定合作的成败，会强化来源国对服务评价的影响。

发展服务经济是国际的大趋势，经济重心正在从制造业向服务业转变（孙林岩、朱春燕，2011）。本书紧扣全球服务业快速发展的背景，其在实践方面的贡献可以从三个层面来概括：一是政府层面。通过探讨来源国对服务评价的影响，有助于了解中国如何更有效地提升服务层面的国家形象，促进服务企业国际化进程。出台相关政策，有选择性地鼓励部分服务企业率先走出国门，通过在特定服务行业实现较好的社会评价，逐步实现服务业层面的国家形象优化。二是行业层面。通过讨论服务特征、服务类型等对服务来源国效应的调节作用，可以明确特定服务行业受来源国影响的程度，并尝试找到类似于服务保证、行业标准化等可操作手段，削弱服务来源国效应的影响，有效提升我国相关服务行业在消费者心中的形象。三是企业层面。通过对服务评价后果变量的研究，了解服务来源国如何影响消费者感知质量等态度因素，从而使企业能够充分利用来源国的影响，保障经营运作有的放矢。通过服务特征、消费者特征、环境特征对于服务来源国效应的调节作用研究，让企业能了解在不同的来源国背景下，如何采取有效措施，提升消费者对企业服务的评价，为企业市场实践提供参考。

第二节　研究目的、范围、对象

本书以产品来源国、服务评价等相对成熟的研究为基础，拟从服务与产品的不同特征入手，对服务来源国影响消费者服务评价进行实证研究，并讨论服务特征、消费者特征、环境特征对服务来源国效应的调节作用。

研究目的主要有以下几点：一是探讨来源国对服务评价的影响，其影响机制是否与来源国对产品评价影响一致，以及出现差异的原因。二是研究服务特征对来源国与服务评价间关系的影响，深入了解在此过程中服务与产品的差异，并探讨不同服务受其效应影响的大小。三是研究消费者特征对来源国与服务评价间关系的影响，了解不同消费者在评价服务过程中，受来源国影响的方向和大小。四是研究环境特征等相关变量对来源国与服务评价间关系的影响，了解文化差异带来的消费者服务评价上的差异。

营销研究可以从两个维度进行简单划分：其一是研究对象层面，包括组织、消费者；其二是研究背景层面，包括产品、服务。由于本书关注的是服务评价，因此，选择消费者为研究对象。当然，从研究主效应的调节因素来看，也会为跨国服务企业实际操作带来启示。选择服务为研究背景，突出服务与产品的不同，会拓展目前产品来源国的研究领域，也能更好地了解来源国效应的作用机制。因此，为了避免研究范围过泛导致操作困难，本书研究范围将仅限于服务消费市场。

服务消费市场是一个较为宽泛的概念，包括金融、教育、软件、运输等。随着制造企业服务化进程的加速，其内涵还会不断延伸。本书在文献梳理、专家访谈以及消费者访谈的基础上，选择了金融业作为具体的研究对象，主要是因为金融业作为跨国服务业的重要分支，国际化程度较高，大多数消费者对于日常生活中普遍存在的金融服务都有一定的了解。同时，不论国内或国外，金融行业在整个服务行业中，服务水平都相对较高，可以避免由于服务水平差异太大造成的评价偏差。由于该行业水平的标杆作用，相关研究结论也更容易拓展到其他服务行业。

第三节　研究方法和本书框架

一　研究方法

由于本书研究内容涉及中外不同的样本，包括服务来源国、消费者评价、文化等不同层面的构念，对模型的优化以及假设的验证将会相对困难，因此，在研究中，采用了多种研究方法结合的形式进行。研究方法可分为：定性研究，包括访谈、内容分析等工作；定量研究，包括实验、调查等工作。在研究方法设计上，采用了混合设计的方式，用不同方法去支撑研究进展，形成更为系统的研究认知，确保结论的严谨可靠。

（一）混合研究方法设计

早期观点认为定量和定性研究方法源于不同的哲学思考，两者不能相互混合融通。定性方法源于建构主义思想，根植于对信息的感性认知，更多与直觉相关，重点在于发现意义和解释。而定量方法则源于实证主义，根植于对信息的统计分析，更多与推理相关，重点在于用数据支持变量之间的关系。定量和定性方法之间虽有不同的理论基础和适用的研究领域，但两者相结合的研究方法并不会对研究结论造成影响。混合研究方法的应用并不是模糊定量和定性方法的逻辑，而是在研究过程中从不同来源收集数据，整合分析方法，力争为研究提供更多的思考视角。博格曼（Bergman，2008）甚至认为，不应对定量和定性方法进行区分，每一种方法本身的实践都不相同，很难用定量或定性完全将研究方法二分，从而也不存在特定的混合方法的提法。因此，在进行混合方法研究时，可以在既定的研究问题框架上，将数据收集方法和数据分析方法进行结合。

社会科学研究会涉及多层次和多视角的情境因素，因此，将定量和定性方法进行结合的研究得到了社会科学研究者的广泛认可

（Pawson，2008）。混合研究方法会融合各种形式的材料和证据，并整合当前多种研究视角。布莱曼（Bryman，2008）对一些相关期刊论文进行了研究，发现大多数融合定量和定性方法的研究目的可分为强化、完整、三角测量法三种。强化是指通过两种方法进行数据的收集处理，增加结论的可靠性；完整是指在进行解释性研究中，更为全面地展示研究结论；三角测量法是指两种方法相互支撑（田虎伟、周玉春，2013）。

本书选择采用混合研究方法是出于两方面的考虑：一是混合研究方法会更好地将理论与市场实践相结合。研究主题为服务来源国相关的现象，更多关注如何破解服务来源国给服务评价带来的不良影响，是以实际问题为导向的研究。那么，在开展实际研究时，会更多地从市场实践中提炼研究问题和假设，研究结论也将以解决相关问题为标准。混合研究方法中的质性研究会为开展量化研究作铺垫，而量化研究也会反过来支持相关质性研究的结论。二是混合研究方法会有助于获取更加完整的信息。相对于单纯的定性方法或定量方法，混合研究方法通过与二者的结合会关注到更多的研究信息，质性研究中的访谈、观察会有更多对于市场的感性认识，从而弥补实验研究中对其他影响因素考虑的不足。同时，实验研究也有助于在研究中更好地理解市场中的纷繁复杂的现象。

（二）定性研究

定性研究是指通过发掘问题、理解事件现象、分析人类的行为与观点以及回答提问来获取敏锐的洞察力（陈向明，1996）。对于相对丰富的产品来源国文献来说，来源国对服务评价影响的文献较少，需要采用定性研究方法，从访谈、网络内容等资料中来总结规律。定性研究是下一步定量研究的重要基础，从研究构念的界定、研究假设的提出，到研究模型的优化都要以定性研究结论作为支撑，从真实而丰富的市场现象中，得到研究的启示。同时，还要进行大量的文献综述和规范分析，以了解国内外相关研究的进展状况，在过去研究的基础上开展工作，并以服务来源国效应为主线，形成系统分析的观点，提升研究结论的价值。

定性研究主要从三个方面展开：一是梳理国内外学者关于来源国、服务等方面的文献，厘清与本书相关的构念和维度。文献研究的展开主要是以中英文"来源国""来源国形象""服务来源国""服务企业国际化"等为关键词，在 EBSCO 数据库、中国知网、GOOGL 学术等资源上进行检索，为了紧跟相关领域的最新研究进度，主要文献都集中在2000—2016年。同时，用检索到的较为经典的文章，通过引用与被引以滚雪球的形式进行搜索，扩大文献的搜索面，避免遗漏重要文献。对营销杂志、消费者行为研究杂志、服务营销杂志等国内外权威期刊给予重点关注，树立了学术文献引用的权威性。同时，通过会议、电话、电邮等形式，与国内外相关院校教授等知名学者保持联系，不仅请教理论构建的难题，也请学者们为本书推荐在领域内具有权威性的文献。在进行理论文献检索的同时，还对相关政府文件、服务经济数据等第三方资料进行关注整理，主要途径是查阅企业经济在线数据库、各类年鉴、政府工作报告、统计公报等，形成了相对完整的国内外服务经济数据，为后期研究打下了坚实的基础。

二是基于访谈、内容分析等研究方法，探讨消费服务市场现象中的规律。访谈有两种形式：第一种形式是深度访谈。深度访谈（In-depth Interview）是一种无结构的、直接的、一对一的访问形式。通过调查人员对被访者的深入访谈，揭示其对于某一问题的潜在动机、态度和情感。深度访谈可以提供丰富的资料，常用于探测性调查。由于本书前期相关结论较少，相对比较缺乏文献理论支撑，因此本书主要采用了深度访谈法，以期获得更为详尽的资料。同时，由于存在国内外样本的原因，利用访谈法也可以避免单纯通过调查问卷造成的文化沟通偏差。通过45分钟左右的访谈，从相互熟悉开始，引入对国外生活的感受，慢慢涉及被试对服务来源国的认识。在进行深度访谈前，我们做了大量准备工作：①对访谈提纲进行了反复修改优化。在结合研究主题列出提纲初稿的基础上，又咨询了香港城市大学、武汉大学的多位老师，反复对提纲进行优化。同时，通过前期小范围的访谈测试，对部分内容和顺序进行了调整。②通过双向翻译方法，列出多语种版本。参加翻译的人员包括专业翻译人员和在读营销专业的博士生，对访谈内容进行汉英、英汉互译，做到了基本内容准确，并尊重了国外人员的文化。③对访谈人员进行了培训。让访谈人员熟悉和了解我们的研究目的，深入理解访谈提纲，同时提醒其在访谈过程中必须注意的事项，如文化禁忌、生活隐私等话题。第二种形式是街头拦访。街头拦截访问是常用的调查访问方法，通常用于问卷调查的环节中。街头拦访相对简单，超市、写字楼、街面、车站、停车场等公共场所均可以进行这样的访问。但我们在研究过程中，采用这种形式主要是考虑到取样的方便，也能够满足样本随机性的要求。由于在深度访谈过程中，我们会更多地关注具有跨国生活经历的人员，如留学生、驻外机构人员等，但对于服务评价来说，在国际经济全球化的背景下，没有跨国生活经历也会尝试来自国外的服务，因此，通过街头拦访对深度访谈进行补充。一般情况下，我们会在大型外国服务企业门店处，对消费者进行随机拦访，了解他们对国外服务的评价，以及如此评价的原因。拦访的提纲与深度访谈的类似，只是由于地点和时间的限制，拦访的问题更为直接，会在深度访谈结论的基础上进行验证。同时，通过增加大量样本来保证信息的丰富程度。

三是以文献为基础，夯实研究模型的理论支撑。本书的模型来自两个方面资料的构建推理：一方面是市场现象的归纳总结，从纷繁的现象中抽取构建理论。在研究开始之前没有构建理论假设，直接从实际观察入手，从原始资料中归纳出经验概括，然后上升到系统的理论。在系统性收集资料的基础上寻找反映事物现象本质的核心概念，然后通过这些概念之间的联系建构相关理论。服务来源国在宏观层面上会影响服务经济的转型发展；在中观层面上会左右服务企业国际化进程；在微观层面上也助于解释国际服务产品的竞争力，存在着诸多值得关注的市场现象。从中梳理出概念进行理论关联，会更贴近市场实践，增强研究结论的有效性。另一方面是理论文献的整理研究。由于直接研究服务来源国的文献相对较少，因此需要从相关领域寻找有价值的研究结论。本书大致搜索了产品来源国、跨国服务、服务评价、跨文化等方面的相关研究结论，并对相关文献结合本书的研究主线进行了整理，形成了关于服务来源国理论构建的基础。同时，引入前期进行的内容分析及典型案例的信息，不断对理论框架进行修改优化。

（三）定量研究

本书采用的定量研究方法分为问卷调查法、实验法。

1. 问卷调查法

问卷调查法是以书面形式对被访者提出问题，进行资料搜集的一种研究方法。由于问卷调查在取样、统计上具有很好的便利性，因此，在实证研究中使用较多。问卷调查一般会包括理论模型中的变量、辅助变量、人口统计学特征三方面的问项。其中，理论模型中的变量是研究的主体，主要需要探讨变量之间的关系。在问卷中多采用成熟量表的问项，进行小范围测试后再采用。如果是国内调查，还存在翻译以及适用性等问题，需要在编制前期解决。辅助变量主要是指会影响主体理论模型的一些变量，在实证研究中多为控制变量，即要保证研究过程中的理论模型变量的关系不受控制变量的影响，或所受影响作用一致。同时，在研究中引入一些关键的控制变量，也说明研究主体变量的影响是显著而重要的。人口统计学特征主要包括年龄、性别、民族、受教育程度、省份、职业等因素，在问卷中进行统计主要是检验测试样本的组成，即样本是否具有代表性，以及与所研究的主要样本是否契合。

由于服务来源国研究样本会涉及跨国服务的经验，加之因变量为服务评价，服务将会在很大程度上受到人际互动、场景设置等因素的影响，采用调查问卷的形式很难控制，因此，本书没有将问卷调查方法作为研究主体方法，而主要采用实验法进行研究。在正式实验前，利用问卷调查进行实验情境的检验与设计，问卷调查法主要用于实验刺激材料的选择，即选出具体服务来源国进行研究。本书所述的来源国的好差仅代表研究时服务来源国形象上的差异，并没有其他的指定意义，有的文献会用高低来表达，意思一致。由于服务行业发展水平差异较大，针对不同服务行业，每个国家的选择也会存在一定的差异。另外，问卷调查研究方法还用于对实验背景、变量刺激的前测，利用问卷形式进行调查，明确操纵的有效性，以更好地支撑研究结论。

2. 实验法

实验法是指有目的地控制一定的条件或创设一定的情境，以引起被试的某些心理活动进行研究的一种方法，一般分为两种：实验室实验和自然实验。实验室实验是指采用专门的设施、场所，对相关变量进行控制，来探究变量之间关系的方法。实验室实验研究由于控制了相关变量，一般来说信度较高。自然实验是在自然条件下，有目的、有计划地创设和控制一定的条件来进行研究的方法。自然实验比较接近消费者真实的生活场景，同时具有实验法和观察法的优点，应用较为广泛。本书的研究更多地采用了实验室实验的方式，通过网络宣传、校内张贴广告等形式招募被试，将其随机分组后，带到不同的实验室。经实验刺激启动操纵后，要求被试回答相关问题，从而得到研究数据。

本书主要采用了组间因子实验设计的方法。随机取样被试，并将参加实验的被试分为若干个实验处理组，每组被试分别接受一种实验处理水平的结合。以两因素完全随机实验设计为例，自变量 A 因素有两个水平，B 因素也有两个水平。两个因素共有 $2 \times 2 = 4$ 种处理水平的结合，即 A1B1、A1B2、A2B1、A2B2。将被试随机分为四组，每组被试接受一个自变量实验处理水平的结合。由于实验处理前，被试是随机分配给各实验处理组的，因而保证了各组被试实验之前无差异。实验处理后测量到的差异可能来自 A 因素、B 因素，或来自 A 因素与 B 因素的交互作用。通过实验设计操纵和控制情境，对所有测量变量进行操作性定义。服务来源国刺激相对单一，都采用了导入文字启动的方式。测量采用国外成熟量表问项双向翻译后进行，研究数据通过实验后的问卷调查方式获取，运用SPSS软件对调查结果进行分析，在实验数据的具体分析中，主要是采用了方差分析，以验证本书提出的理论架构及相关假设，并进一步讨论和分析相关研究结果。

二 本书框架

本书分为导论、文献综述和理论发展、实验研究三大部分。具体内容安排如图 1 – 1 所示。

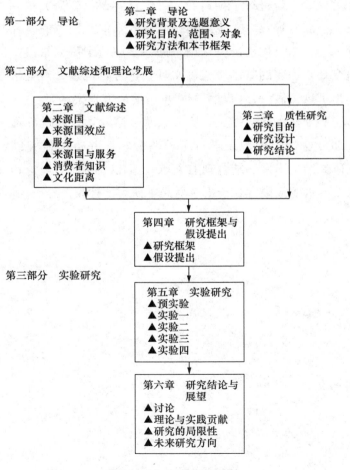

图 1 – 1 本书研究框架

导论部分包括第一章，主要阐明本书的研究背景、选题意义、研究主题、研究方法。研究背景主要阐述了与本书写作意义相关的经济社会现象，特别是服务来源国领域的市场现象；选题意义主要撰写了对相关理论的贡献，以及对市场实践的指导价值；研究主题主要界定了研究变量关系及整个研究框架；研究方法主要介绍了本书采用的研究方式及数据处理思路等内容。

文献综述和理论发展部分包括第二章、第三章、第四章，在现有产品来源国和服务研究的基础上，对来源国与消费者服务评价影响及相关调节变量进行了探讨。文献综述主要结合研究主题，对来源国效应、服务特征、文化距离、消费者知识等领域的研究结论进行整理综述，结合质性研究结论，进一步厘清了研究缺口，形成了本书研究理论构建的基础。通过文献结论进行推理，对变量之间的关系提出了具体假设，构建了切实可行的研究框架。

第三部分是实验研究，包括第五章、第六章，通过心理学实验对第二部分所提出的假设进行了检验分析，并得出研究结论。同时，从研究结论出发，结合现有文献，指出了本书的理论和实践意义，以及本书的局限性，给出了对未来研究的建议。

第二章　文献综述

第一节　来源国

随着经济社会的发展，国家间的开放程度逐渐提升，跨国贸易逐渐增加。从消费市场来看，人们越来越多地接触到了源于国外的产品和服务。同时，人们关注到在对产品或服务的评价过程中，仅仅一个"made in××"的标签，可能就会对消费者评价产生显著影响。

在日常经济生活中，我们也常常利用"made in××"的标签进行判断，当然更多时候是在无形中受其影响。德国制造的精密口碑，让德国各种机械、汽车在全球范围内屡受追捧，大众集团更是多年占据国内汽车销售市场头把交椅。根据安永统计，2017年，德国汽车品牌在中国汽车市场的占有率高达22%。意大利制造的艺术感，让意大利家具用品在市场上大行其道。前几年的"达芬奇"家具仅在意大利港口转了一圈就身价倍增。日本制造的工匠精神，让日本电器、设计在国内也是口碑爆棚，甚至出现了很多专门的购物旅游团。据日媒报道，仅2016年春节期间，大约有45万中国游客在日本消费购物累计达60亿元人民币，还出现了专门形容该现象的新词"爆买"。菲律宾服务的贴心、高水准，让消费者对保姆市场上的菲佣趋之若鹜。瑞士服务的可靠、严谨，让瑞士银行业得到了全球消费者的认同。2016年，瑞士银行业管理着近3万亿美元的资产，瑞士也成为全球最大的离岸金融中心。

从 20 世纪 60 年代开始，来源国（Country of Origin），又被译为原产国，引起了众多营销学者和企业人员的关注，并成为营销研究中成果最为丰硕的领域之一。虽然，与来源国相关的研究成果较为丰硕，在来源国效应、解释机制等方面达成了一定的共识，但关于来源国的研究也存在着许多基本问题有待进一步厘清（Schermuly，Schermuly et al.，2011）。一是来源国构念的维度及测量。关于来源国的构念维度存在许多不同观点，虽然也有一些常用量表，但来源国涉及影响因素太多，仍存在许多争议。二是来源国效应的显著性。来源国研究涉及消费者感知，大多研究都选择使用实验法，这一点被很多学者所诟病，认为实验放大了来源国线索对消费者评价的影响，甚至认为消费者并不会在意来源国，来源国效应并不显著。三是来源国效应是否能应用于服务评价，虽然有文献曾经对此进行过论述，但实证研究结论仍然很少。四是来源国效应是否有其他的替代解释，即来源国的作用可能是由于品牌、行业形象造成的。

关于以上问题的争论，仅限于在学术文献研究中不同视角的偏差，以及学术研究方法的差异。相对于其他研究，来源国研究涉及多个国家，又存在经济社会发展等各方面的影响因素，因此，出现关于研究过程及结论的各种争论都很正常。从问题本身来看，特别是与来源国相关的市场现象，得到了学术界和实业界共同的认可。并且，随着国际化进程的加快，国家之间的经济依存度越来越高，来源国效应也成为市场经济发展中的重要问题，关于来源国的研究亟待进行深入探讨。

一 来源国研究流变

来源国最初与"made in × ×"标签相关，指产品制造国，甚至是一个简单而且具体的国家概念。来源国就是对产品或品牌进行营销的公司总部所在国家（Johansson and Johny，1989）。随着对来源国认识的加深，该构念成为一种消费者感知，逐渐变得抽象而丰富，即来源国是指企业家或消费者感知到的，与特定国家或地区产品相联系的声誉、图画和刻板印象（Nagashima，1970）。消费者以国家经济社会发展程度，以及营销和产品状况为基础，形成的对特定国家产品的总体看法（Roth and Romeo，1992），是对具体产品的情感和认知联结的心理图像（Verlegh and Steenkamp，1999）。来源国并不是客观事实，而是与国家情况紧密联系的一种形象（Prendergast，Tsang and Chan，2010），消费者倾向于通过熟悉的外国产品来形成国家形象（Roth and Romeo，1992）。从具体营销情境来看，来源国就是目标市场的消费者对产品（包括服务）的来源地或来源国的一种印象，是消费者对该国的总体认知（Jaffe and Nebenzahl，2001）。

由于语言翻译和学科差别，国内常见的与来源国相关的概念较多（如表 2 – 1 所示）。一是软实力。其是指特定国家在文化、意识形态吸引力、价值观等无形、抽象和非物质性层面的力量，包括文化和意识形态的吸引力、政治议程的控制力等（约瑟夫·奈，2005）。软实力是与国内生产总值、交通基础建设、工业设施、军事发展水平等硬实力相对而言的概念。随着信息时代的发展，软实力所包含的创新、品牌、价值观等因素，直接决定了经济社会的走向，会在很大程度上影响硬实力的发展，软实力的建设越来越受到各个国家的重视。软实力建设的核心在于文化软实力的构建，包括文化价值、文化体制、文化产业、文化知识等方面的积累与创新（熊正德、郭荣凤，2011）。

表 2 – 1　　　　　　　　来源国相关构念

构念名称	主要含义	与来源国形象的差异	文献来源
来源国	指企业家或消费者感知到的，与特定国家或地区产品相联系的声誉、图画和刻板印象	—	Nagashima（1970）

续表

构念名称	主要含义	与来源国形象的差异	文献来源
软实力	指特定国家在文化、意识形态吸引力、价值观等无形、抽象和非物质性层面的力量，包括文化和意识形态的吸引力、政治议程的控制力等	1. 关注宏观层面的变量 2. 强调文化、意识形态相关内容	约瑟夫·奈（2005）
国家品牌指数	是商业公司进行旅游目的地质量判断的一种指标	1. 强调旅游地品牌 2. 消费者选择的判断参考	Future Brand 公司、万博宣伟公司（2000）
国家形象	指个人对特定国家的描述、推断和信息信念的总和	1. 关注宏观层面的变量 2. 多见于新闻传播、外交等学科	Laroche 等（2005）
国家产品形象	指对给定国家生产的产品质量的总体感知	多强调制造业产品	Han（1990）；Hseih、Pan 和 Setiono（2004）
国家资产	指国家名称赋予产品的价值及其对该国产品或品牌的影响	多强调正面影响	Kleppe、Iversen 和 Stensaker（2002）；Pappu 和 Quseter（2001）
国家品牌化	指从在目标国际市场中区分国家和其产品的视角出发，通过名称、标志及其他品牌化元素建立独特身份认同的战略	是改善来源国形象的一种战略	Kotler 和 Gertner（2002）

资料来源：笔者根据相关资料整理。

二是国家品牌指数（Country Brand Index）。其是商业公司进行旅游目的地质量判断的一种指标，是以消费者需求为基础维度得出的指数，包括地理位置、基础设施、管理机制、经济状况、旅游名胜、纯正（独特纯正的文化与体验）、文化风貌、社会价值（Future Brand公司、万博宣伟公司，2000）。优质的国家品牌是国家的宝贵资产，对吸引外商投资、促进产品出口、吸引国外游客与优秀人才等具有积极正面的作用。2017 年 10 月，国家品牌指数排行榜发布，其中美国的国家品牌价值为 21.055 万亿美元，位居第一。中国的国家品牌价值为 10.209 万亿美元，排名第二。2017 年中国的国家品牌价值增幅明显，比 2016 年上升 44%（吴晓薇，2017）。中国排名的上升主要得益于中国企业品牌建设的长足发展。2008 年，在全世界前 500 名最具品牌价值的企业中，中国企业仅占据了 8 席，2017 年已接近 50 席。随着中国企业品牌价值的不断提升，中国企业国际化进程不断提速。随着越来越多的中国品牌"走出去"，中国国家品牌价值也有相应提升。国家形象的塑造与企业品牌美誉度形成了良好的互动反馈效应。

三是来源国形象（Country – of – origin Image）。指消费者对不同国家及由此国家生产的产品的印象（li，Fu and Murray，1997），由认知和感情两部分构成（Roth and Diamantopoulos，2009）。此构念强调了感情因素，对给定客体的态度会强烈影响消费者对客体的评价。消费者甚至会不经过评价阶段，直接根据与产品相联系的感情因素做出选择。来源国形象是本书研究的重点，更多强调了消费者心目中的形象，以及其对消费决策的影响。

四是国家形象（Country Image）。其是指个人对特定国家的描述、推断和信息信念的总和。Laroche 等（2005）认为国家形象是由三因素模型代表的多维度构念，由认知成分、情感成分、意动成分三部分组成，且包括总体国家形象、产品国家形象集合、具体产品国家形象三个层次（Hseih，Pan and Setiono，2004）。也有学者认为国家形象是软实力的一部分，不仅受到国家本身的资源环境、经济社会、文化历史等因素的影响，还有受众对国家进行国际交往过程行为的解读。2018 年 1 月，中国国家形象全球调查报告发布，报告认为中国整体形象好感度稳中有升，内政外交表现得到好评，"一带一路"倡议赢得普遍点赞。中国经济的国际影响力获公认，未来发展赢得海外信心，受访者中预期中国即将成为全球第一大经济体者逐年增加；中餐、中医药、中国高铁等中国文化与科技元素继续成为国家形象亮点（马力，2018）。

五是国家产品形象（Product‐country Image）。其是指对给定国家生产的产品质量的总体感知（Han，1990；Hseih，Pan and Setiono，2004）。可以从产品形象和国家形象两个维度进行考虑（Papadopoulos and Heslop，1993）。产品品牌形象与国家形象会相互影响，当国家形象与具体产品类别相适应时，将会产生正面作用。国家产品形象为国家形象的一部分，更为具体地指向产品领域，会更大程度上受到企业竞争力的影响。由于经济全球化的程度不断提高，国家间的经济竞争与合作会更为密切，国家产品形象的重要程度会越来越高。

六是国家资产（Nation Equity）。其是指国家名称赋予产品的价值及其对该国产品或品牌的影响（Kleppe，Iversen and Stensaker，2002；Pappu and Quester，2001）。国家资产是多维度构念，包括国家意识，即消费者回想和识别某国是某一类产品生产者的能力；来源国联想，即消费者在记忆中所持的描述、推理和信息中关于某特定国家的信念，包括产品微观和国家宏观层面；感知质量，即消费者对产品总体质量的感知，或相对于替代品关于达成预期使用目的、产品和服务优势的感知；国家忠诚，即通过以购买某国产品为首选来体现的忠诚于特定国家的倾向。国家资产相对于国家形象、软实力的概念而言，更为强调传承、积累，以及其对后续国家竞争力的影响。

七是国家品牌化（Country Branding）。其是指从在目标国际市场中区分国家和其产品的视角出发，通过名称、标志及其他品牌化元素建立独特身份认同的战略。国家品牌化不仅有利于出口市场，还会对吸引旅游者、外国直接投资，甚至吸引高素质人才都有好处（Kotler and Gertner，2002）。国家品牌化也需要一个核心本质，国家需要协调在不同产品类别、不同市场中的运作行为，又不失其总体的运作形象，国家品牌化会直接影响到国家资产。国家品牌化是用市场化的手段去构建国家形象，从目前国际化竞争态势来看，国家品牌化理论可以为相关策略制定提供有效支撑。

该领域相关构念较多，既相互区别，又相互联系。软实力是一种宽泛的概念，包括所有的文化、产品印象、科技、社会等方面的优势。国家品牌指数是咨询公司普遍采用的一项调查指数，更多偏向旅游、宜居概念。来源国与来源国形象在很多文献中是混用的，在文献中表达意思一致，都是强调印象，包括认知和情感的成分。国家形象比来源国、来源国形象的概念都要宽泛，其不仅强调来自与产品相关的感知，而且更多强调来自对国家经济社会文化的认识。国家产品形象是产品层面的概念，比以上概念都要小。国家资产是国家形象等概念的结果，而国家品牌化是一种策略，通过好的品牌化，将得到更好的国家资产。由于本书将重点关注营销中消费者的评价，因此，在研究中采用来源国构念进行研究。

早在20世纪60年代，由于国际贸易的快速增长，各国市场上都出现了很多源于其他国家的产品，来源国现象开始引起了消费者和国内外学者的关注（Darby and Karni，1973；Verlegh and Steenkamp，1999；Pickett，Gardner et al.，2004；孙丽辉、郑瑜，2009）。最早的来源国文献被认为是Schooler（1965）发表的文章，其以危地马拉的学生样本和虚构产品标签进行的研究为基础，认为产品的来源国对于消费者产品评价具有影响。当时仅将来源国作为单一质量线索进行研究，确定了来源国效应的存在，但也正因为采用了简单的方式去研究来源国效应，因此该效应有可能被放大。早期学者也从日本国家形象的变化，注意到了来源国形象并不是一种静态的印象，而是动态的，会发生变化（Nagashima，1970）。

从20世纪80年代早期至90年代初期，随着研究的深入，许多学者也开始采用多种方式对来源国效应进行评价。对来源国的认识也逐渐由单一的制造国标签，演变为与特定国家相联系的产品和服务的形象，其会影响消费者对产品或服务的评价。有学者将来源国置于性别、价格、品牌等其他因素中对其进行研究，了解其对产品评价的影响，研究情境更加接近于现实消费场景（Johansson and Johny，1989）。有学者认为来源国感知会与产品类别相结合，即对于不同来源国形象，特定类别的产品会有更强的来源国效应（Roth and Romeo，1992）。文献集中探讨了产品来源国的形成方式，认为来源国是一种刻板印象，由于消费者都有简化各种信息去了解产品的需要，因此产品来源国成为产品评价的外在线索。有学者对来源国效应产生的原因进行了探讨，认为存在两种最主要的解释机制，即概构模型（Summary Effect）和晕轮模型（Halo Effect）（Min Han，1989）。将来源国作为产品和服务属性进行研究，首次注意到了来源国对服务的影响（Ofir and Lehmann，1986）。

20世纪90年代早期至21世纪初，随着国际贸易的增加、国家间开放程度的提升，来源国如何影响产品评价成为需要面对的严峻课题。该时期，来源国文献大量出现，对不同目标国和样本的来源国主效应和调节变量进行了大量研究。对于早期来源国构念进行了重新定义，认为早期仅认为来源国为生产地所在国家的定义过于狭窄，来源国应是国家产品形象（Papadopoulos，Heslop et al.，2000），包括产品、国家等层面（Leifeld，1993）。随着跨国企业的发展壮大，其运作方式与过去研究中对来源国生产、设计、品牌来自同一国家的前提不一致，出现了来源国分解等新情况，成果又相对集中于制造国、组装国与成分国分离的情况（Chao，1993；Tse and Wei-na，1993；Lee and Bae，1999）。随着贸易的自由化和全球化的加强，产品的来源国不再单一，而是出现了组装国、品牌国等不同形式的来源国，并且具有多个来源国的产品越来越普遍（Fetscherin and Toncar，2010）。20世纪90年代，国外学者开始对来源国分解进行研究。Chao（1993）将来源国划分为两个具体的维度：组装国和设计国；Quester、Dzever和Chetty（2000）将来源国这一构念分解为设计国、部件国和组装国；其他一些学者认为来源国还包含另外一些成分，如品牌国、生产国等。此时，没有哪一个国家的企业能够声称自己是产品的唯一生产者，当产品具有两个或两个以上的来源国时，便产生了混合来源国（刘洪浑、王宁等，2012）。研究也由关注单一来源国线索，发展到在多线索的情况下了解来源国效应。21世纪初，由于企业跨国经营需要削弱或强化来源国效应，因此又从消费者处理信息的角度，对来源国效应调节变量如消费者知识、品牌等进行了深入研究。在此期间，还出现了对于来源国问题的长期视角的研究，有学者以芬兰消费者为样本，从1980年至2000年，5年进行一次调查，了解来源国感知的变化（Darling and Puetz，2002a；Darling and Puetz，2002b）。

近几年来，由于来源国相关的国家、行业、企业等不同层面相关构念混用情况较多，涉及因素复杂，一直未能产生能够达成共识的权威量表，加之各国对国家品牌的重视，又出现了一些对来源国构念进行重新思考的文章（Lala，Allred et al.，2009；Roth and Dia-mantopoulos，2009；Samiee，2010）。由于对来源国效应存在争议，因此也有很多学者关注到了来源国联系或来源国认知准确性等构念，对消费者使用和处理来源国线索的情况进行了考察（Samiee，Shimp et al.，2005；Magnusson，Westjohn et al.，2011）。来源国研究脉络如表2-2所示。

表2-2　　　　　　　　　　　来源国研究脉络

大致时间	主要经济现象	研究内容
兴起至1990年	跨国贸易兴起	1. 解释来源国现象 2. 探讨来源国成因 3. 单一来源国线索对消费者的影响
1991—1999年	跨国企业通过全球供应链进行生产，出现来源国分解的情况	1. 通过不同样本、不同产品对来源国效应进行了深入研究 2. 来源国分解对于消费者评价的影响 3. 多线索背景下的来源国效应变化
2000—2005年	全球贸易保护壁垒逐渐减少，出现了许多自由贸易区，企业开始关注如何通过策略去削弱或强化来源国效应	1. 集中讨论品牌、消费者知识等变量对来源国效应的调节作用 2. 引入削弱刻板印象、消费者信息处理等概念模型进行实证研究

续表

大致时间	主要经济现象	研究内容
2006—2008 年	各国开始重视国家形象建设，但相关构念，包括来源国、国家形象、国家品牌等，构念层面复杂，操作性差	1. 重新思考相关构念，区分不同构念含义 2. 对过去量表进行修改优化
2008 年以后	服务经济在全球中的占比不断增加，成为金融危机后经济增长的引擎之一，跨国服务转移或服务贸易将成为经济发展的必由之路	1. 探讨如何改善国家形象 2. 来源国在服务情境中的适用性，即在服务中是否也存在来源国现象

资料来源：笔者根据相关资料整理。

来源国研究的文献走向与经济社会的发展趋势一致，是不断解决跨国贸易中出现的新问题的过程。从服务经济的发展情况来看，为拓展市场空间，国内服务企业迫切需要走出国门；同时，随着开放程度的提高，国外服务企业也会不断进入国内市场。研究来源国对服务评价的影响不仅有助于企业对消费者服务评价的理解，也会为提升服务行业形象、优化中国服务形象给出参考建议。该领域研究也会成为今后来源国研究的重点内容之一。

二 来源国维度

对于来源国的维度，早期研究认为来源国是由单一因素决定的，即国家经济发展程度（Pickett, Gardner et al. , 2004）。消费者对某国产品的评价与该国的经济发展水平呈正相关关系，会出现偏见层级现象（a Hierarchy of Biases）（Jaffe and Nebenzahl, 2001）。但被大多数学者所接受的是多维度观点，认为来源国受代表性产品、国家特性、经济与政治背景、历史以及传统等变数影响（Nagashima, 1970）。对于产品来源国的研究，有学者认为创新、设计、声誉、工艺四个维度会影响消费者对产品来源国的形象（Roth and Romeo, 1992）。还有学者认为来源国的形成来自经济、政治、社会、文化四个方面的因素（Jaffe and Nebenzahl, 2001）。关于来源国对发展中国家国际贸易影响的研究，国内有学者认为自然因素、文化因素、经济发展水平、科技管理水平四种因素会影响来源国形象（吴坚、符国群，2000）。由于来源国本身包含有不同层面，因此，在不同层面对其进行定义时，也具有不同前因。如来源国界定在产品层面，那么其前因就主要集中于产品的质量、技术及加工工艺等；而界定在国家层面，那么其前因就会相对复杂，不仅会受到产品相关因素的影响，还会受到文化、制度、历史、语言、地理等其他因素的影响。文化中的主要维度，如个人主义、普适价值观会对来源国评价产生正面影响，而集体主义、安全价值倾向会对来源国评价产生负面影响（Balabanis，Mueller et al.，2002）。

来源国是对给定国家生产的产品质量的总体感知，来源国研究层面众多，包括总体国家形象、产品国家形象集合、具体产品国家形象（Ming – Huei，Shan – Ling et al.，2004）。从产品形象和国家形象两个层面来解读来源国，这种区分方法源自 Bilkey 和 Nes（1982）的研究，他们认为 Nagashima 的划分方法将国家形象与产品形象融为一体导致其对于企业来说不具有可操作性，因而进一步将来源国分为整体国家形象和整体产品形象。Parameswaran 和 Pisharodi（1994）在 Bilkey 和 Nes（1982）的基础上增加了具体产品形象，认为除了整体国家形象和整体产品形象，某一企业的广告手段、促销措施同样也会改变消费者对整个国家形象的认识。Ming – Huei、Shan – Ling 和 Setiono（2004）在考察整体国家形象、整体产品形象和具体产品形象时，对这三者进行了细化和定义：整体国家形象（General Country Image，GCI）是消费者对一个国家代表性产品、经济、制度、历史、传统、产业化、技术等的总体印象；整体产品形象（General Product Image，GPI）是消费者对于国家是否具有生产高质量产品能力的总体感知；具体产品形象（Specific Product Image，SPI）是消费者对与产品相关的某国的营销能力的印象。这种基于产品和国家两大层面的二分法，也引发了来源国研究中关于来源国形象和国家形象的讨论。学者们认为国家形象和国家产品形象是两个不同却相关的概念，而国家形象会对来自此国家的产品形象产生影响，消费者对特定国家的产品的偏好与这个国家的消费者形象之间存在着特定的关系（Ittersum et al.，2003；Roth and Romeo，1992）。虽然产品国家形象这一概念"更为宽泛并且更精准"（Papadopoulos，1993），但其对国家形象的定义更具有限制性（Restrictive）。由于国家形象可能不仅会影响消费者对来源于此国家的产品的评价，而且会影响与这个国家相关的投资、到访等（Heslop et al.，2004），也有学者认为来源国可以从产品形象和国家形象两个维度进行考虑（Papadopoulos，Heslop et al.，1990）。产品层面的形象可与国家形象相分离，二者相互影响，当国家形象与具体产品类别相适应时，会产生正面作用。消费者也倾向于通过熟悉的外国产品来形成国家形象（Roth and Romeo，1992）。不同层次会为来源国研究提供不同视角，客观上也造成了对来源国维度的不同认识。由于营销管理立足于消费者，因此会更加关注服务产品层面的来源国形象。

来源国被认为是消费者对于特定国家的总体印象，不仅会对产品评价产生影响，而且也会影响到服务（Javalgi，Cutler et al.，2001）。在现有研究中，服务来源国的维度也基本沿用了产品来源国维度的观点。但从来源国构念本身来看，涉及了经济、教育、技术，甚至政治等方面的很多因素。来源国研究背景至少包括来源国、目标国等两个或两个以上的国家，情境因素十分复杂，加之消费者对来源国线索的加工又包含认识、情感等很多性质不同的成分，这些原因造成了来源国构念的维度及测量一直没有定论，也是该领域争议的焦点之一（Nagashima，1970；Roth and Diamantopoulos，2009；Samiee，2010）。

2000年以后探讨来源国维度的主要文献如表2-3所示。

虽然由于研究的关注点和层面不一致，导致关于来源国的观点并不完全相同，从不同的研究领域来看，都有一定道理，但从营销学的角度来看，消费者是市场的买方力量，研究变量应更靠近市场的

表 2 - 3　　　　　2000 年以后探讨来源国维度的主要文献

| 调查国家（地区） | 来源国（地区）样本 | 来源国维度 | | 成分 | 文献来源 | 文献 |
		产品层面	国家层面			
墨西哥、澳大利亚、西班牙、以色列、印度尼西亚等	美国、日本、瑞典、加拿大、墨西哥、澳大利亚等	产品质量、价格、市场覆盖、消费者反应	技术先进性、对该国的情感、交往联结	认知情感意动	Papadopoulos、Heslop 等（1990）	Papadopoulos、Heslop 等（2000）
挪威	挪威、德国、西班牙、意大利	产品功能信念、产品享乐信念	自然风光、气候、竞争力、创造力、对该国的情感	认知情感	国家刻板印象和国家感知等方面的文献回顾	Verlegh（2001）
挪威	挪威	产品质量、健康、独特性	国民评价、自然风光、气候	认知	焦点小组、访谈	van Ittersum、Candel 等（2003）
美国、日本、土耳其	德国	产品质量、广告、分销、价格	国民评价、政治形势	认知情感	Parameswaran 和 Pisharodi（1994）	Knight、Spreng 等（2003）
以色列、法国、墨西哥、加拿大	德国、日本、韩国	购买来源国产品的消费者的评价、来源国产品评价	无	认知情感意动	开放式问题	Nebenzahl、Jaffe 等（2003）
加拿大	美国、加拿大、墨西哥、智利、阿根廷	产品信念、产品评价	国家描述、国民描述、国家竞争力、国民竞争力、国家评价、消费者与国家的关系	认知情感意动	Papadopoulos（1993）；Bennett（1991）	Heslop、Papadopoulos 等（2004）

续表

调查国家（地区）	来源国（地区）样本	来源国维度 产品层面	国家层面	成分	文献来源	文献
美国	日本、瑞典	产品信念、产品评价	国家信念、对国民的情感、交往意愿	认知情感意动	Nagashima（1970）；Li、Shenzhao 等（1997）；Papadopoulos、Heslop 等（2000）	Laroche、Papadopoulos 等（2005）
中国台湾、中国、印度	美国、德国	总体产品评价、具体产品评价	总体国家评价	认知	Parameswaran 和 Pisharodi（1994）	Pereira、Chin-Chun 等（2005）
加拿大	澳大利亚、加拿大、中国、法国、墨西哥、摩洛哥、以色列	产品态度	国民性格特征、旅游目的地评价、国家熟悉度	认知意动	个性量表、访谈	D'Astous 和 Boujbel（2007）
澳大利亚	日本、马来西亚、中国	创新、声誉、设计	科技、经济、政治	认知	Nagashima（1970）；Martin 和 Eroglu（1993）	Pappu、Quester 等（2007）
Download.com web site	中国、俄罗斯、乌克兰	产品设计、产品信念	无	认知意动	Einhorn（2004）、网络排名等方式	Reuber 和 Fischer（2011）
中国、美国	中国、美国	质量评价、绩效	历史、文化、政治	情感	访谈	Maheswaran、Chen 等（2013）

资料来源：笔者根据相关资料整理。

选择与实践。对于来源国构念，过于泛化的定义，会导致难以把握研究的重点，涉及的变量太多，无法进行深入研究；而过于狭义的理解，又会导致研究的外部性大幅降低。因此，来源国的定义应紧抓消费者的特征，即消费者会如何理解来源国，会通过哪些主要因素理解，又如何构建来源国。从以上文献来看，大致包括两个维度：一是文化相关的维度，包括历史、传统、声誉等。文化会先于产品进入消费者的视野，是形成总体印象的概构基础，从而搭建与产品相关的国家形象与情感认知。二是经济相关的维度，包括经济发展水平、科技、工艺等。经济相关维度直接与产品相关，会形成对来源国形象的支撑。从对产品或服务的评价来看，来源国前因成分会因不同的产品或服务类别而变化。文化与经济两者本就是紧密相关的因素，相互影响。而从产品判断来看，不同产品与文化、经济的联结并不完全相同。如购买移动电话和选择室内装饰产品，可能会完全不一致。移动电话更多地反映了经济因素，特别是制造国的科技发展水平，或是否有特定的知名企业；而室内装饰产品可能会更多地考虑文化因素，特别是与装修风格相配合的产品，强调文化来源的产地效应。消费者在进行特定评价时，会激活不同的来源国前因，产生契合效应（Roth and Romeo，1992）。

三　来源国成分

来源国构念讨论的另一个重点是，对于来源国性质的认识，即来源国对于消费者而言包含哪些成分。来源国是个人对特定国家的描述、推断和信息信念的总和（Laroche，Papadopoulos et al.，2005），大致包括四种不同的成分：一是认知成分，即对国家工业和科技发展水平的信念。来源国的认知成分主要是指消费者以国家经济、科技、工业等为基础的主观感知。二是情感成分，即消费者对国家的情绪反应（Roth and Diamantopoulos，2009）。涉及对特定国家的仇视、敌意、好感等，含有许多偏见的成分，并不是理性的判断，但其会强烈影响消费者的判断。三是意动成分，即消费者与国家交往的意愿水平（Laroche，Papadopoulos et al.，2005）。主要是指消费者是否愿意与某国交往，会涉及消费者抵抗、品牌抵制等方面的研究。四是规范成分，即消费者受到社会影响而形成的判断（Roth and Diamantopoulos，2009）。规范成分是指来源国对消费者行为的一种社会化影响，如民族中心主义、国货意识等，主要是群体对成员行为是否适当进行的一种判断。来源国发展阶段对于产品偏好不仅有情感内涵，而且还有规范内涵（Gao and Knight，2007）。

对来源国成分的不同看法，也造成了来源国构成的复杂性。目前，得到大多数文献认可的是认知成分和情感成分，也与文献认为来源国实际是一种刻板印象的观点一致，刻板印象也包括认识和情感两个不同的部分（Ryan and Deci，2000）。意动成分更多指的是来源国对消费者在宏观层面的影响，在产品评价中使用较少；规范成分会被理解为对产品的社会价值认知，文献中单独提出来的也不多见。但对认知和情感成分的认识也存在争议，认为认知和情感成分并不独立，会相互影响（Roth and Diamantopoulos，2009）。由于受到无形性、移情性等因素对于服务评价的影响，服务来源国的情感成分的重要性可能会增加，而认知成分的重要性可能会降低。由于服务中，互动性会要求顾客与服务员工共同合作，生产并传递服务，多数服务的提供也会处于公开状况，因此，意动和规范成分的影响也会发生改变。

第二节　来源国效应

一　来源国主效应

来源国效应（COO Effect）是指来源国会影响到消费者对于产品或服务的评价及态度。消费者对源自经济发达程度相对较高的国家的产品会产生较高的感知质量，对其评价也更好（Nagashima，1970；Amabile，1996）。来源国与购买意愿之间存在着显著的正相关关系（Schooler，1965；Chao and Rajendran，1993；Jaffe and Nebenzahl，2001），其对购买意愿的平均影响程度高达0.19（Peterson and Jolibert，1995），不仅会影响购买意愿，还会正面影响到消费者的信任（Michaelis，Woisetschläger et al.，2008）。文献对主效应的关注较多，通过美国、中国、德国、韩国、中国台湾地区等不同国家和地区的样本，利用汽车、电冰箱、自行车等一系列产品，进行了实证研究，并得出了一致的结论。由于来源国包含各种不同的维度，相对特定产品来说，其具体的维度的影响会发生变化。因此，对于一些特定国家和产品来说，来源国主效应会更强。

随着国际供应链的日趋成熟和完善，出现了国家间的产品合作。发达国家为了降低生产成本，将生产转移到欠发达国家，当然这也面临着由于生产国的消极效应而带来的潜在损失的风险（Chu，Chang，Chen and Wang，2010）。来源国也由此被分解为组装来源国（Country of Assembly）、设计来源国（Country of Design）和部件来源国（Country of Parts），其都会影响到消费者的质量判断。当没有哪一个国家的企业能够声称自己是产品的唯一生产者，当产品具有两个或两个以上的来源国时，便出现了混合来源国的概念（Chao，2001）。研究认为无论是组装还是设计，高度工业化国家都会有比新兴工业化国家更好的感知。在新兴工业化国家中，组装来源国比设计来源国的负面评价更少（Ahmed and D'Astous，2007）。也有文献认为组装来源国与设计来源国对产品的印象是独立的，即组装来源国会影响消费者对功能质量的判断，而设计来源国会影响消费者对设计质量的判断。一个较好的设计国形象在产品质量感知方面不可能弥补较差的生产国形象，它只可以提高产品设计质量感知（Chao，1993）。而且，当产品由形象较差的国家生产时，无论设计国形象如何，消费者对产品的态度及购买意愿均不会产生显著的差异（Chao，2001）。对于不同产品，二者会产生不同的影响。当产品的突出属性与相关来源国形象契合时，会给消费者带来更高的评价（Roth and Romeo，1992）。

从国际供应链的思路来看，除组装、设计、部件之外，还有最重要的一环，即品牌。消费者更加关注品牌来源国，强势品牌可以缓解消极来源国效应（Jae - Eun，Pysarchik et al.，2009），如很多消费者将索尼与日本联系在一起（Maronick，1995），而不在乎是由哪个国家生产的。大多数文献认为，由于品牌对于产品的符号价值中包含了来源国的因素，因此不能将品牌来源国（Country of Brand）作为来源国的分解部分进行研究，认为品牌来源国会完全中介来源国对消费者评价的影响（Diamantopoulos, Schlegelmilch et al.，2011），其对消费者评价的影响更大，甚至部分文献认为品牌来源国可以在今后的研究中替代来源国构念（Usunier, 2011）。来源国不仅会影响产品评价、购买倾向等消费者变量，还会影响到品牌资产。来源国可直接通过品牌独特性（Brand Distinctiveness）、品牌忠诚（Brand Loyalty）、品牌意识（Brand Awareness）三个因子的中介，显著正面影响品牌资产，是品牌资产的前因（Yasin, Noor et al.，2007）。

由于来源国立足于消费者的感知，因此，绝大多数文献都集中于来源国对消费者产品评价的影响。近年来，也有文献开始关注其对组织层面的影响，认为来源国会正面提升消费者对于企业组织能力的联想（Abhilash and Roy, 2009）。过去一些文献认为用来源国对消费者市场的效应来研究工业市场中的问题并不合适，来源国效应和线索不应在工业销售中予以过分强调，来源国仅是影响购买者的一种信息，应该放置于成本、业绩、质量等问题背景下进行考虑（Quester, Dzever et al.，2000）。但以中国食品分销渠道为背景的研究认为，来源国会影响到 B2B 市场中产品的采购，并注意到了在中国市场中的先入优势，率先进入市场会得到较正面的来源国形象，将会被认为更正宗（Hongzhi and Knight, 2007）。组织采购与消费者购买相比，购买代理会认为 COO 在产品评价中也十分重要（Liefeld, 1993）。

还有部分文献从国家层面关注了来源国效应。通过对芬兰国家营销案例进行研究，认为芬兰生产商是通过强调产品的来源国来传递芬兰创新、质量和声誉的形象。芬兰在传递国家形象时将国家与广为人知的北欧生活方式（高度现代化、平等主义、先进、高度负责的生活方式）相结合。认为在国际市场竞争中，要体现本国相对优劣势，强调能让其成功竞争的良好联想，并以 NOKIA、Neste Oil 等公司为例，认为企业品牌会与国家形象互动，相互促进（Ryan, 2008）。通过对挪威国家营销案例进行研究，关注最佳的国家营销

战略选择，认为国家形象的形成来源于印象创建时刻（Image – crea-
ting Moment），当消费者遇到了用来引入某一具体印象的营销组合
时，就会产生创建时刻，又称为原始图像（Primary Image），其代表
了消费者需求、期望，以及与之契合的印象能力（Kleppe, Iversen
et al. , 2002）。

二　来源国效应的解释机制

关于来源国效应产生的原因可分为三个方面进行讨论：一是心
理学的解释，如晕轮效应、刻板印象等；二是线索理论的解释，如
外部线索等；三是制度学的解释，如合理性等。心理学更多强调的
是消费者心理基础的层面，线索处理更多限于具体的购买环境，而
制度学强调更宏观层面的理解。具体说来，得到较多认可的来源国
效应解释机制主要包括以下四种：

一是晕轮效应（Halo Effect）与概构效应（Summary Effect）。在
晕轮效应中，来源国为消费者推断产品属性以及进行产品评估提供
了认知提示。例如，某人过去的经验等信息告诉他，德国轿车机械
性能好，由于宝马是德国车，他就会推测，宝马是机械性能好的轿
车。概构效应则认为，消费者将他们对于某一国家产品的知识进行
重新编码并抽炼成国家形象（Johansson and Johny, 1989），从而直
接影响消费者对来源国产品的评价。例如，某人过去用过许多各式
各样的日本产品，感觉到日本产品精致耐用，由于索尼相机是日本
产品，其就会认为索尼相机精致耐用。无论是晕轮效应还是概构效
应均表明，一个国家的形象充当着推断来自这个国家产品质量的重
要线索。晕轮效应的观点认为当消费者不能判断某国产品的真实质
量时，会使用国家形象进行产品评价。消费者通过国家形象推断，
将国家形象与产品联系在一起，从而间接影响对该国产品的态度。
而概构效应的观点认为消费者会回想和抽象个体或单独的信息，形
成一种总体信息块，便于存储和长期记忆。消费者将不断增加的某
产品经验与该国形象相联系，从而形成来源国形象（Min Han,
1989；Kleppe, Iversen et al. , 2002）。目前，文献并未明确哪种效

应更能阐明来源国的形象及机制，但从其解释过程来看，消费者是否熟悉来源国产品将会影响到两种效应的作用，即当消费者熟悉某国产品时，来源国会产生晕轮效应，消费者会利用其推断品牌产品属性；而当消费者不熟悉某国产品时，来源国会产生概构效应，消费者会总结过去产品属性的信念并影响其当前的态度（如图 2 - 1 所示）。目前，对来源国效应到底是哪种解释机制起作用，并无定论。从来源国构念来看，其中包含了产品信念等信息，二者实际是无法截然分开的，只是在产品熟悉程度高低不同时，二者才可能出现一定的先后顺序（Min Han，1989；Amabile，1996）。

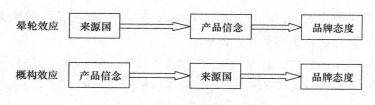

图 2 - 1 晕轮效应与概构效应示意

二是刻板印象（Stereotyping）。刻板印象是一种常用来解释消费者对来源国信息反应的心理过程（Papadopoulos，Heslop et al.，1990；Tse and Wei - na，1993；Ryan and Deci，2000）。刻板印象被认为是超越个人层面的文化共享，是在社会中广泛共享的人们对经济社会的传统认识部分，需要通过社会化来获得。刻板印象会通过提供捷径、简化决策过程，来影响人们与复杂环境间的交互作用（Askegaard and Ger，1998）。给定国家相关的刻板印象会在其他国家消费者印象中产生虚构的叙述（Mythological Narrative），会影响产品相关线索认知过程，并被用来作为评价产品的标准。国家刻板印象有正面和负面之分，通过削弱消费者对来源国的刻板印象，可以提升消费者对该国产品的评价。由于产品的来源国分解，会在产品上出现高低不同的多种来源国标签，进而相对于单一负面来源国标签，负面的来源国效应会减弱（Tse and Wei - na，1993）。通过提供保证等附加信息，或提升消费者知识，对产品进行子类型化，即将产品归入大类下的子类型，都会有助于削弱来源国的负面刻板印象（Harrison – Walker，1995；Ryan and Deci，2000；Lotz and Hu，2001）。而从消费者角度来看，来自发展中国家的消费者会有更强的刻板印象感知（Okechuku and Onyemah，1966）。另外，还有两种与刻板印象类似的理论，即类别理论与印象理论，也常用于来源国效应的解释文章之中。类别理论认为人们在认识事物或进行判断时，会首先将事物放入已有的类别之中，当其类别模糊或无法与已有类别联系时，才会列出新类或子类。而消费者进行产品质量评价时，也会利用来源国进行归类。特别是一些负面来源国效应突出的产品，通过打破与过去产品的联系，可能会被归入区别于来源国产品的另一类，以削弱来源国的负面效应（Tse and Lee，1993；Lotz and Hu，2001）。印象理论比刻板印象理论更加宽泛，在来源国中主要讨论国家印象、企业印象、产品印象三个层面（Ming – Huei，Shan – Ling et al.，2004），认为三者相互影响、相辅相成（Jaffe and Nebenzahl，1984；Papadopoulos，Heslop et al.，1990；Li，Shenzhao et al.，1997；Askegaard and Ger，1998；Kotler and Gertner，2002）。利用印象理论中的自我关注心像与其他关注心像，进行不同操纵，发现启动自我关注心像时，刻板印象的自动联结将会被抑制（Martin，Lee et al.，2011），进而削弱负面来源国效应。

三是线索理论（Cue Theory）。人们会通过线索获取、评价和整合过程来进行判断（Rao and Monroe，1989）。对于消费者来说，线索分为两种：内部线索（Intrinsic Cue），如食物的口味、外形等，主要是指物质产品的改变会直接改变产品本身的因素；外部线索（Extrinsic Cue），如价格、品牌名称、商家名称等。来源国被认为是外部线索，当内部线索较少或不好判断时，才会依赖外部线索。使用哪种线索与产品卷入程度有关，需要评判通过内部线索评价的成本与收益的关系。国家形象或来源国常被作为一种外部线索来处理，也由此产生了许多对来源国与产品评价间关系有调节作用的变量（Laroche, Papadopoulos et al., 2005; Liu and Johnson, 2005）。用线索理论进行解释时，其主线基本一致，即增加或减少对外部线索的依赖，进而削弱或增加来源国效应。

四是合理性理论。合理性是指在现行的社会规范、价值观、信念和定义下，用来判断组织的行为是否是社会所需要的（Desirable）、合适的（Proper）、恰当的（Appropriate）的一种总体认知（Suchman, 1995）。根据制度理论的观点，跨国经营的企业及其品牌都是嵌入在东道国的经济环境和制度环境中，遵循所处环境中的社会规则而存在的（Scott and Meyer, 1994）。当企业及品牌获得与东道国的经济和制度环境长期适合的社会文化的一致性，以及行为的习惯方式被消费者重复时，才会被认为是合理的或制度化的（Di Maggio and Powell, 1983; Suchman, 1995），合理性也由此产生（Berger and Luchman, 1966; Suchman, 1995）。只有在获得合理性的前提下，品牌才可能会被消费者所接受和支持（Kates, 2004）。产品或品牌的来源国在国际市场中需要获得两种合理性（Handelman and Arnold, 1999），包括实用合理性（Pragmatic Legitimacy）和社会合理性（Social Legitimacy）。前者主要用于判断某国产品或品牌是否满足了利益相关者的实用利益需求（Suchman, 1995; Dowling and Pfeffer, 1975）；后者主要基于社会的主流规范和文化判断某国产品或品牌的行为是否合适（Suchman, 1995; Scott and Meyer, 1994）。来源国合理性是东道国国民对品牌或产品来源国一系列固定信念的集合，这些信念决定了该国产品或品牌是否能被消费者接受、存在并经营（Dimaggio and Powell, 1983; Powell and Dimaggio, 1991）。

前三种解释机制大多是视来源国形象为一项重要的产品外在线索来探讨其对消费的影响，即消费者基于对来源国的认知来推断该国产品的属性，进而做出消费判断（Peterson and Jolibert, 1995; Knight and Calantone, 2000; Samiee, 2010; Beverland and Lindgreen, 2002; 周玲、汪涛等, 2011）。但事实上，将来源国作为产品的一个独立外生属性，会有助于理解消费者为什么更愿意购买发达国家的产品（Schooler，1965），消费者对来源国形象的认识并不是简单的"来源国形象等于产品质量"的逻辑。除了来源国的绩效因素外，来源国形象中所隐含的制度因素对于消费者而言同样具有重要的诊断价值。与其说外国消费者在购买中国产品时所考虑的是"是否值得购买"，不如说他们更关注中国产品来源国形象"是否合理"。也就是说，来源国实质上是消费者感知某国产品或品牌合理性的重要标准之一。

三　来源国主效应的调节变量

对来源国主效应发挥调节作用的变量大致可分为四类：①消费者动机，如卷入度、产品类型等（Roth and Romeo，1992；Lee，Yun et al.，2005；Prendergast，Tsang et al.，2010）。②消费者能力，如熟悉度、消费者知识等（Schaefer，1997；D'Astous，Giraud Voss et al.，2008）。消费者动机和能力会负向调节主效应。③文化相关变量，如民族中心主义、集体主义、物质主义等（李东进、周荣海等，2007；Cleveland，Laroche et al.，2009；Demirbag，Sahadev et al.，2010）。民族中心主义会提升消费者对本国产品的评价，集体主义倾向相对较高的消费者对本国产品的偏好也会更强，而物质主义会增强来源国主效应。④产品特征，如品牌、价格等（符国群、佟学英，2003；王海忠、王晶雪等，2007）。品牌和价格会释放相关质量信号，从而对负面来源国效应对产品产生的影响具有一定的削弱作用。

一是消费者动机的调节作用。消费者动机主要包括：①卷入度，即相关产品与服务对消费者的重要程度或关联性。相对于低卷入消费者，高卷入消费者会搜寻更多的信息，以判断产品质量，因此会较少地依赖来源国信息，即弱化了来源国效应（Prendergast，Tsang et al.，2010）。也有文献认为来源国在低卷入情况下，对消费者的评价影响也不大，排在价格、品牌之后。②产品类型，即产品本身的属性，如享乐型或功能型产品。对于享乐型产品，来源国标签会更具享乐价值，来源国效应会更加显著，享乐型产品的社会属性也强于功能型产品，来源国标签也会提供一定的社会规范价值。而对于功能型产品，消费者会更多地从实用的角度进行思考。社会地位本身就会影响到消费者对产品的评价，社会地位相对较低的消费者对韩国产品的态度会更好（Usunier，2010），即社会地位也会对来源国效应产生调节作用。直接决定消费者动机的因素有认知需求，认知需求高的消费者会对产品评价投入更多的努力，从中心路径思考判断，来源国对消费者的影响相对较少。还有一类变量也会影响消费者动机的变化，主要为情感类的变量，如仇视等，这类变量会决定消费者是否使用质量线索进行判断。以中国消费者为样本、日本产品为对象的研究认为，消费者仇视会导致消费者直接不选购该国产品，甚至不经过质量判断（Klein，Ettenson et al.，1998）。

二是消费者能力的调节作用。消费者能力主要包括：①熟悉度，指消费者对产品的熟悉程度。由于消费者对产品熟悉，更可能做出中肯的产品评价，会掌握更多的关于来源国的信息，不会仅受来源国效应的影响，因此，消费者的熟悉程度会弱化来源国效应（Johansson，1989；Zhang，1997；Lee and Ganesh，1999；D'Astous and Ahmed，2008）。②消费者知识，指消费者对于产品所具有的知识水平。消费者知识水平越高，越可以通过自己所掌握的知识进行判断，从而能越好地处理产品内部线索等信息。因此，消费者知识也会弱化来源国效应。

三是产品特征的调节作用。产品特征包括品牌和价格。品牌会部分替代来源国评价的作用，即调节来源国效应，在品牌价值高的情况下，来源国对消费者产生的影响较小。由于品牌传达的体验和文化价值越来越重要，因此，品牌作为一种质量评价信号，其效应会显著高于来源国影响（Speece and Nguyen，2005）。价格也会对负面来源国效应与购买倾向间的关系产生调节作用，如"韩国生产"会使消费者对日本品牌产品评价下降20%—25%（Speece，Kawahara et al.，1996），消费者对于韩国电视的评价不高，但实际购买量却较大（Tse，Chan et al.，1996）。相对于来源国形象较低的品牌，产品价格的变化会引起消费者对来源国形象较高的品牌的转换选择。但也应注意到，并不是所有消费者都会对价格敏感，由于质量、价值、价格导向上的不同，消费者会有不同的选择。消费者将购买需求转移到来源国形象较低的品牌，消费者要求的价格折扣并没有显著变化（Usunier，1994）。因此，一味地利用价格去抵消负面的国家形象效应，会损害品牌形象。也有学者从线索理论出发，认为来源国效应是否会产生及其作用大小应视产品内在信息是否容易获得、是否具有诊断性、是否具有可信度而定（Zeithaml，1988）。当产品内在信息是存在的，且较为清晰明确时，消费者的产品评价不会受到产品来源国这一外在线索的影响。也有部分学者对产品内在信息对来源国效应的影响提出了质疑（Verlegh，Steenkamp et al.，2005）。当呈现出清晰明确的产品内在属性信息时，来源国信息仍对消费者的产品评价及购买意向有着很强的影响力（Verlegh，Steenkamp et al.，2005）。

四是文化相关变量的调节作用。由于来源国必然会涉及多国间的消费者或产品，因此，文化差异相关变量也成为来源国文献关注的焦点之一。主要包括：①民族中心主义（Ethnocentrism），是指消费者购买源自外国产品适当性的信念（Shimp and Sharma，1987）。高民族中心主义消费者由于相信购买外国产品会损害国内经济，造成国民失业，会质疑购买外国产品的适当性和道德（Usunier and Le，2005），倾向于强调国内产品的积极方面，忽略外国制造产品的优点（Srinivasan et al.，2004）。与低民族中心主义倾向消费者相比，在评价国内组装汽车感知质量时，高民族中心主义消费者会表现出更高的偏见，对本国产品形成较高的质量评价（Chandrasen and Paliwoda，2009）。与民族中心主义类似的概念还有消费者民族主义，其是指为了购买本国品牌愿意做出牺牲（Han，1988）。二者具有相同维度和高度相关性。而民族中心主义与仇视二者之间有联系，但也有明显区别。一方面，仇视是针对某特定国家，而民族中心主义没有特定指向；另一方面，仇视不会让消费者否定该国产品质量，仅是不愿购买，而民族中心主义会对国内产品产生高于外国产品的评价。②物质主义（Materialism），是指以所有物和获得物作为引导，达到包括快乐等满意状态的理想形式的重要性（Richins and Dawson，1992）。以新兴经济体产品和发达国家相同产品为比较对象，物质主义倾向较高的个人会更容易接受发达国家品牌，产品来源国会被解读为质量显著标志，与层次偏见互动，物质主义水平对消费者选择新兴经济国家产品有直接负向影响，会调节国家产品形象与消费者产品偏好间的关系，即物质主义水平会强化来源国与消费者产品偏好间的关系（Cleveland，Laroche and Papadopulos，2009；Demirbag，Sahadev and Mellahi，2010）。

目前，国内相关文献大致是从三个角度出发的：一是营销相关研究，与国货意识相关。国货意识是在民族经济忧患意识、国民爱国情感和国民社群身份认同三方面因素影响下形成的（周志民、贺和平、刘雁妮，2010），会调节消费者本土品牌偏好与消费者购买间的关系（庄贵军、周南、周连喜，2006）。与来源国相关，在中国消费者中确实存在着较为明显的来源国效应，消费者对来源国服装品牌的产品信念与消费者的品牌态度之间存在正相关关系（严超、姜蕾、章碧，2010），来源国形象会对联合品牌产品评价产生影响，且消费者知识会起到调节作用（宁昌会、薛哲，2009）。通过充分挖掘中国文化元素（文学、艺术、民俗），关注文化的亲和力和民族特色，运用于广告和品牌，增强软实力（陈培爱、张丽萍，2010）。同时，应丰富国家形象的广告诉求，通过中国历史悠久、地大物博的优势，充分表达中国蕴藏着无限的创造力（娄向鹏，2009）。二是旅游相关研究，主要关注怎样通过提升国家形象，提高旅游目的地的知名度和美誉度。三是外交相关研究，主要分析如何通过国家形象的改善，在国际交往中寻求更好的外交环境。总体而言，国内营销研究较少，并多见于规范式研究。

来源国效应调节变量的研究非常丰富，但许多结论并不一致，其主要原因有三：一是来源国情境复杂。来源国涉及的层面很多，有宏观的国家、文化、经济、社会等层面，也有中观的行业、品牌等层面，而在评价时，又会涉及消费者等微观层面，不同层面导致影响因素很多，且作用并不平衡，研究主题很难剥离一些干扰因素。二是研究视角不一致。来源国效应会影响至国家、行业、企业、个人等方方面面，不同的研究视角会导致情境的差异，进而得到不同的研究结果。三是研究方法不一致。从研究方法上看，几乎所有的研究方法在来源国的研究中都有所体现，如问卷调查法、访谈法、实验法、观察法、二手数据研究法等，研究方法中的数据来源以及研究过程，也会影响到研究结论的外部性。

第三节　服 务

随着社会经济的发展，服务业在其中所扮演的角色越来越重要，越来越多的学者也关注了营销领域中的服务范式。服务营销被认为是区别于产品营销的一种新范式（Vargo and Lusch，2004），从服务特征到服务评价都与产品营销存在很多差异。因此，对于服务来说，来源国标签的激活和来源国信息的处理也会发生相应变化。

一　服务定义

服务（Service）的范畴十分广泛，包含了住宿餐饮、定制维修、保险理财等。从不同的视角出发，服务的定义也包括许多种。Gron-roos（2002）及其他学者较为强调服务的过程性，认为服务是一种或一系列带有无形性物质的活动，通过顾客与服务员工或实体资源、服务提供系统间的互动，为顾客遇到的问题提供解决方案（克里斯廷·格罗鲁斯，2002）。该定义突出了三个核心维度，即活动、互动、解决方案。但该定义也适用于产品，并没有突出服务的差异。其他一些学者认为服务是一种行为过程，以绩效等非有形形式嵌入到产品属性之中（Lovelock，1991；Zeithaml and Bitner，

2003）。从顾客的角度出发，较为强调服务价值的创造，认为服务是应用具体的知识和技能，为其他实体或自身利益而产生的行为、过程和绩效（Vargo and Lusch, 2004；Vargo and Lusch, 2004）。从目前来看，服务营销研究日渐成熟，对于服务的认识也在不断加深。但从其定义来看，由于各个学者的出发点不同，因此仍未形成确切一致的定义。本书主要研究的是服务领域的来源国效应，有两点更值得关注：一是跨国服务中的变化；二是顾客对服务的认识。

二 服务特征

服务营销的研究源于产品营销研究，因此，将服务范式从产品范式中分离，是开创服务营销领域的基础之一。而首先要做的工作就是要将服务与产品分开，深入探讨服务特征，突出二者的差异。服务领域对服务特征的关注很多，Sasser 等（1978）首次在公开刊物上发表了无形性、异质性、不可分离性和易逝性四种服务特征。Zeithaml 等（1985）通过回顾 33 名作者的 46 篇关注服务特征的文章，发现被引用次数最多的特征也是无形性、异质性、不可分离性和易逝性（Zeithaml, 1981；Knight, 1999）。Edgett 和 Parkinson（1993）在回顾了 1963 年至 1990 年共 106 篇文献后也得出了相关的结论。另外，所有权交换、过程性等很多其他特征也被一些文献所提及（Rathmell, 1966；Rathmell, 1975；Lovelock and Gummesson, 2004），但由于没有实证研究基础支持，也未经过理论推导，更多依靠的是观察和实践经历（Shostack, 1977），因此并未被普遍接受。

一是无形性（Intangibility）。无形性是指在生产和消费过程中，服务没有实体可供参考。在购买前，服务通常不能被感觉、品尝或触摸，相对于实体产品而言，服务更是一种活动。无形性是服务的关键特征，也是其他服务特征产生的基础（Bateson, 1979）。Bateson 甚至提出了"双重无形"（Double Intangible）的概念，以区别于由于不能被触摸而产生的"物理无形"和不能从精神上掌握的"心理无形"，该概念也得到了实证研究的支持（Bielen and Sempels, 2003）。无形性在服务质量研究领域被认为是极其关键的质量维度

（Zeithaml，Parasuraman et al.，1990）。无形性意味着绩效模糊，消费者为了减少服务不确定性，需要寻求相关质量的证据，通过服务的场景、人员、设备、价格、品牌等做出对于服务质量的评估。为了降低服务无形性，Bitner（1992）提出了服务场景的概念，描述了支持服务生产和顾客体验环境中的实体方面。通过实体环境，提升顾客对服务质量的感知。当服务生产时，顾客并没有拥有任何有形物，然而，从顾客角度来看，服务也会产生一些有形物，如新知识、记忆经历等。例如，会计师的建议可能是无形的，并持续多年。避税建议可能会减少税务支出，但当其效果不佳时，支出金额甚至会增加。这时，无形服务的价值可能在相当长的一段时间将变得有形。

二是异质性（Variability）。异质性是指由于服务提供者与消费者相互合作进行生产，双方互动中会出现服务提供者、时间、地点等方面的差异，因此，服务质量难以标准化。同时，由于消费者参与和感知的原因，评估相对困难。对于异质性的来源有两种不同的看法：一是服务提供者与服务流程趋向于异质化；二是由于员工导致的变化和顾客需要、期望造成的变化，让在既定公司里的生产趋向异质化。由于服务角色模糊，服务的一致性可能会随着时间发生变化。加之顾客作为合作者参与，导致服务流程和结果的标准化及方向难以确定。异质性关注提供者视角，而不是顾客和价值使用视角。异质化可能会提升顾客价值，而标准化可能会对价值创造产生负面影响。服务产品的异质性和非标准化对定制需求十分必要，但也会提升对服务提供者水平的要求。以 IT 技术、数据挖掘技术为基础的服务，被认为是以标准化为特点，包括商业数据信息、航空运输和医疗流程等（Vargo and Lusch，2004），但这些服务中包含互动和劳动力的密集，不应被认为是同质化的服务（Lovelock and Gummesson，2004）。

三是不可分离性（Inseparability）。不可分离性是指服务的生产过程与消费过程同时进行，很难将消费与生产分开，服务提供者为消费者提供服务时，也会是消费服务的时刻，二者在时间上具有不可分离的特征。服务由一系列活动或过程组成，服务过程中顾客与服务提供者需要接触，这种接触是服务的基础。不可分离性被视为服务企业需解决的问题，而不是一种机会。但也有学者认为不可分离性过于简单，认为很多服务都部分或较大程度上独立于顾客生产（Lovelock and Gummesson，2004）。很多服务并不需要顾客的直接参与，如汽车修理、信息服务、财务服务、干洗、产品运输，甚至由政府提供的国防服务等，意味着生产和消费并不一定要同时进行。对于一些不可分离的服务而言，不可分离性具有重要的管理意义，以及与众不同的特征，但对于许多可分离的服务而言，其并不具有普遍意义。

四是易逝性（Perishability）。易逝性是指服务结果或能力不能以其他形式进行存储、转售或退回，在服务能力不能得到完全使用时，就会发生机会损失，服务不可存储。受任务特征和任务间的相关性的影响，服务易逝性的本质常会引起能力不足，导致不确定。易逝性更多地关注了生产视角，即服务不能被存储，如飞机和学校的座位。然而，从顾客角度出发对于易逝性的探讨较少。服务被生产、传递和消费，但对于顾客来说，不同的顾客体验也会被存储。服务可以通过系统、建筑、机器、知识和人进行存储。例如，ATM是标准化现金存储点，而旅馆就是房间存储点（Gummesson，2000），记忆可以被存储于顾客长期记忆中很多年，其会影响到感知质量和未来行为。易逝性不仅与服务相关，也与制造企业和产品的许多管理问题相关。

四种服务特征较好地描述了服务本质，但其更多地关注服务中的交付阶段，其普遍性和解释效力较最初提出时有所下降。也有一些学者认为这些特征仍然有效，但需要解释其使用的条件和目的。无形性和易逝性是过去研究范式的一种延续，即服务从生产和营销角度，被定义为与商品或实体产品相关。生产和消费的不可分离性导致了不确定，从顾客角度来看其与异质性具有同样的来源。从服务消费过程中难以将生产分离出来，从而对质量保证和控制方面形成了挑战。服务不能提前生产，或于交付前检查。不可分离性似乎也是以前者为基础的特征，来自产品核心和导向的范式。服务中被关注较多的是共同生产、创造，但实际上，服务中的活动、行为、绩效、体验等动态本质上是生产和消费的同步性，具体表现为共同生产消费的顾客、员工和第三方在服务时间和空间上重叠。

服务的无形性、不可分离性、异质性、易逝性突出了服务与产品的差异（Zeithaml，1981；Knight，1999）。也正是由于这些服务特征的存在，相对于产品营销而言，服务的跨国营销才更具有挑战性，也更为复杂（Winsted and Patterson，1998）。在跨国服务背景下，与消费者关系密切，对贸易业绩影响较大的特征为无形性和不可分离性（La，Patterson et al.，2005）。

作为一种外部线索，服务无形性实际上体现了服务的信任属性和搜索属性的改变（Darby and Karni，1973）。与产品相比，由于服务的无形性，服务的搜索属性会更高，信任的作用会更加重要。从来源国效应来看，随着无形性的增加，服务会拥有更多高体验质量（Harrison-Walker，1995）和经验属性（Nelson，1974），会提高消费者搜寻成本，增加服务风险的感知。而来源国作为一种信念，会影响到消费者感知风险（Cordell，1992），消费者更可能会受到服务来源国的影响。

不可分离性对跨国服务的直接反映就是服务中的互动程度，是否需要互动（Patterson and Cicic，1995）。来源国作为消费者对特定国家的一种刻板印象（Ryan and Deci，2000），互动程度会为消费者提供更多的深入了解来源国形象的机会，认识会更加全面客观（Clark and Kashima，2003）。互动程度越高，消费者受服务来源国的影响可能会越小（Clark and Kashima，2003）。特别是长期形成的对特定国家的刻板印象，会产生一定的削弱作用（Lotz and Hu，2001；Jong Woo，Hyung Seok et al.，2009），服务来源国效应有可能会变弱。从来源国作为一种刻板印象来看，互动也会让人们对于事物的认识更客观，较少受刻板印象的影响。服务的其他特征，如异质性，会决定服务的标准化的困难程度。如果服务标准化困难，消费者对服务的选择会更多依赖于外部线索的感知，会强化服务来源国效应。不同服务特征突出了产品与服务的差异，相对于产品来源国的不同产品特征，其对服务来源国效应也可能存在调节作用。

通过无形性程度和互动程度也可以将跨国服务分为四种，即位置自由专业服务（Location – free Professional Services）、位置受限定制服务（Location – bound Customized Services）、标准服务包（Standardized Service Packages）和增值定制服务（Value – added Customized Services）（Patterson and Cicic，1995）。引入该分类，可以探讨服务来源国线索对不同服务行业影响的差别。从服务与产品的结合程度来看，前两者为核心服务，而后两者为附加服务。位置自由专业服务是指专业人员大部分时间在本国，仅需在识别需求、签订合同和呈现结果时才到消费者所在国家，如运输、金融、保险、信息服务等。位置受限定制服务是指为了更好地为消费者服务、适应其需求，需紧密频繁地与其联系的服务，如咨询、法律援助、广告代理等。标准服务包是指经常与实体产品联系、通常以传统方式出口的服务，如软件研发、远程教育等。增值定制服务是指要求与消费者高程度互动，以增加相对价值的服务，如现场技术训练、大型设施管理等。

图 2 – 2 服务分类示意

资料来源：Patterson 和 Cicic（1995）；Patterson 等（2005）。

服务特征及由其区分的不同服务分类，充分体现了服务的特殊性，也造成了服务来源国研究与产品来源国研究的根本差别，了解这些特征及分类对服务来源国效应的调节作用，将会更好地理解服务来源国的作用机制。

三 服务质量评价

质量是指某种服务或产品满足消费者需要的能力特征的总和。服务质量源于实体产品质量概念的认识。通常，对实体产品质量的认识可以从四个角度出发，一是符合规范标准，二是产品无瑕疵，三是满足顾客需求，四是产品合格率。由于服务本身具有无形性、不可分离性、异质性等特征，使得对服务质量的认识角度更多只能从顾客需求出发，服务质量与实体产品质量存在很多差异。服务质量被认为是衡量服务水平、满足消费者期望程度的一种工具（Lewis and Booms，1983）。也有学者从更主观的范畴对其进行定义，服务质量是一种感知水平，其水平高低由体验服务质量同期望服务质量间的对比决定（Grönroos，1984），并进一步将服务质量分为技术质量、功能质量两类。技术质量是指在服务产出过程中，顾客通过服务所获得的东西。功能质量是指在服务开展过程中，服务如何传递。还有学者将服务质量细分为实体质量、互动质量和公司质量（Lehtinen and Lehtinen，1982）。实体质量是指在服务过程中，服务场景、产品等服务实体支持；互动质量是指顾客与服务提供者的相互接触过程；公司质量主要是指形象质量，是消费者对公司形象的评价。从来源国效应来说，这种分类中的公司质量就会受到来源国的重要影响，特别是消费者对公司形象并不了解时，可能会产生晕轮效应，从而将对公司来源国的印象迁移至公司层面。

目前，对服务质量的评价有两种：一种是以 Parasuraman、Zeithaml 和 Berry's（1985）提出的差距理论（Gap Theory）为基础的 SE-RVQUAL 测量（Parasuraman, Zeithaml et al.，1994）。其认为感知服务质量来自消费者对行业服务提供者业绩的期望与具体企业实际业绩间的差距。另一种是以简单绩效为基础的服务质量测量（Cronin Jr. and Taylor，1992），以 SERVPERF 量表进行测量。

一般情况下，大致可以从 5 个维度对服务质量进行衡量，包括可靠性、有形性、保证性、响应性和移情性。可靠性是指服务提供者能够准确而可靠地实现服务承诺的能力，例如，服务企业开展服务承诺的履行情况；有形性是指可触摸的有形的设备、设施、沟通材料和人员的外表，例如，设备完备率、工作人员的态度，以及用于服务提供的工具设备等的完好程度；保证性是指服务提供者所具有的礼节、知识及传达出的自信能力；响应性是指按顾客要求，能够迅速提供服务的愿望；移情性是指站在顾客立场，为顾客思考，并对顾客给予特殊关注。1988 年建立服务质量测量模型，包括服务质量的 5 个维度，可分为感知测量与期望测量两部分，每部分由 21 项测量语句组成。通过焦点小组和具体行业的应用，发展出 22 条语句进行测量（Parasuraman，Zeithaml et al.，1985；Parasuraman，Zeithaml et al.，1988；Berry，Zeithaml et al.，1990）。

服务质量评价中关注的另一个焦点是，服务质量与服务满意间的关系。服务质量被认为是一种来源于绩效与期望间比较的属性形式，其与满意相关，但并不能与之等同（Parasuraman，Zeithaml et al.，1988；Bolton and Drew，1991）。尽管研究者认为当前对消费者感知服务质量的测量十分符合二者的整合范式，但服务质量和满意仍被认为是不同的构念。对二者差异最普遍的解释是，认为感知服务质量是对服务的总体评价，为态度的一种形式，然而满意是一种关注具体交易观点的测量。Parasuraman、Zeithaml 和 Berry（1988）进一步认为二者的差异还存在于操作之中。在测量感知服务质量时，比较水平是消费者应该如何预期，而对服务满意进行测量时，比较水平是消费者将如何预期。

在来源国效应的研究中，服务质量更多关注的是消费者感知的服务质量，由于来源国作为一种信息，更多地体现在购前对消费者的影响，因此，本书并不关注消费者购买服务后的满意，而聚焦于购前的态度。作为服务来源国效应的后果，服务评价主要从反映消费者态度方面的感知服务质量进行考虑。感知质量这类变量在过去来源国研究中的探讨最多，消费者在购买之前就会关注来源国线索，来源国线索会导致消费者对产品或服务的感知发生改变。而关于消费者满意等变量，来源国的研究关注较少，来源国是对产品或服务的一种信念（Laroche，Papadopoulos et al.，2005），会影响到消费者的预期。相对于产品，服务的经验属性会更强（Nelson，1974），会涉及信任的变化，影响到消费者参与行为，这些都会导致消费者满意的变化（Michaelis，Woisetschläger et al.，2008；Nijssen and Herk，2009）。由于服务需要企业与顾客共同创造价值，因此关系纽带作用的重要性会更加突出（Berry，1995；Rust and Tuck Siong，2006）。消费者满意不仅会影响到消费者对服务的评价，也会是企业与消费者关系建立的基础（Chenet，Dagger et al.，2010）。在关注态度的同时，也会注意消费者服务选择行为的一些变化。以往的来源国研究大量集中于关注消费者感知质量的变化，很少用实际购买行为数据作为支撑，由此也受到许多学者的质疑，认为其结论在真实的购买环境中会弱化，甚至不显著（Peterson and Jolibert，1995；Mishra and Umesh，2005）。由于跨国消费者和服务的样本选择较为困难，用消费者购买服务的实际行为进行研究会有一定难度，但在研究中关注一些行为变化，将会更有力地证实服务来源国效应的存在。

第四节　来源国与服务

一　来源国对服务的影响

关于服务来源国效应的研究较少，相关文献散见于跨国营销和文化研究中，认为服务来源国作为一种外部线索，会影响到消费者对服务的评价（Javalgi，Cutler et al.，2001；Ahmed，Johnson et al.，

2002; Berentzen, Backhaus et al. , 2008）。结合跨国服务比较、文化等关于服务的来源国方面的研究结论，从服务与产品的结合程度上来看，可将服务来源国相关研究分为以下三个方面：

（一）核心服务（Core Service）相关

一是服务来源国会影响消费者对服务的评价。以银行和航空为背景的研究认为，国家经济发展水平会强化服务来源国对消费者质量评价的影响（Pecotich, Pressley et al. , 1996）。以零售业为背景的研究表明，消费者认为来自德国的企业提供的产品和服务水平相对较高，而来自墨西哥的企业会提供低价的产品和服务（Lascu and Giese, 1995）。消费者会认为来自经济欠发达国家的产品和服务具有更高的风险（Cordell, 1993）。相对于产品对服务评价的影响，来源国线索对服务评价的影响较大（Berentzen, Backhaus et al. , 2008），甚至要大于品牌对服务评价的影响，仅次于价格对服务评价的影响（Bruning, 1997; Ahmed, Johnson et al. , 2002）。由于服务具有更多的体验质量成分和经验属性（Nelson, 1974），如果服务的来源国的经济较为发达，还会提升消费者对企业的初始信任（Michaelis, Woisetschläger et al. , 2008），反之，可能会阻碍企业进入市场（Michaelis, Woisetschläger et al. , 2008; 罗殿军、赵文, 2009）。

二是消费者熟悉度、专业知识、服务类型、品牌知名度等变量对服务来源国效应的影响。当消费者对于服务非常熟悉或有其他质量信息时，服务来源国经济发展程度对于服务选择偏好的影响将会减弱（Berentzen, Backhaus et al. , 2008）。相对于非专业人士，专业人士可能更容易接受来自新兴工业国家的产品或服务（Kraft and Chung, 1992; Lascu and Giese, 1995），服务来源国对其的影响较小。具有不同风险水平的服务类型，来源国效应将会不一致。当提供附加质量线索时，相对于风险水平高的服务，服务来源国对风险水平较低的服务影响相对要小一些（Michaelis, Woisetschläger et al. , 2008）。当品牌知名度不大时，服务的来源国对于消费者服务选择偏好将会更加重要（Ofir and Lehmann，1986）。

三是文化因素对于服务来源国效应的影响。消费者更容易接受来自文化差距较小的国家的服务，而对于差异较大的文化会更加敏感，消费者对服务的评价更关注于公司声誉、谈判方式、文化认知等因素（Kraft and Chung，1992）。对美国移民法律服务的研究认为，高权力距离和集体主义倾向的文化背景的人们更可能认为服务提供者将会参与不道德活动，对服务提供者的信任度较低（Shaffer and O'Hara，1995）。以眼科医生服务为背景，发现关于国家的偏见会对消费者选择服务提供者产生影响，当服务提供者与消费者的国别相同时，消费者评价会相对较高（Harrison - Walker，1995），特别是在经济发达国家，消费者偏好来自本国的服务（Hofstede，1983）。

（二）附加服务（Supplementary Service）相关

附加服务是指与产品一起提供的服务，又称为产品服务（Nicoulaud，1989），包括保证、抵押、展延信用等。尽管由于作为产品附属存在，没有专门就附加服务来源国进行研究的文献，但产品保证等附加服务还是受到了学者的重视。消费者目前面对更多的替代选择，有两个主要原因决定对服务提供商的选择：一是在同质化的产品和价格情况下，获得竞争优势；二是担心从外国供应商处的购买，无法保证适当的后续服务活动。附加服务可形成企业差异化优势，提升其竞争力，特别是对于来自欠发达国家的产品，附加服务在国际化过程中的作用会更加重要（Javalgi，Cutler et al.，2001）。产品保证会显著影响消费者对于产品的感知质量和购买倾向（Gurhan - Canli and Maheswaran，2000），产品越复杂、价格越高、风险越大，产品保证对消费者就越重要（Lee，Kim et al.，1992）。企业可以通过提供其他外部服务属性，如质量保证等，提升企业竞争力（Michaelis，Woisetschläger et al.，2008），以削弱较差来源国形象带来的负面作用。

（三）服务的跨国比较

此类文献通过研究各国的消费者，比较各国间服务的差异，其并不是严格意义的来源国研究，仅关注特定国家消费者对他国服务的评价。但由于具有跨国消费经验的样本难以获取，加之此类文献的服务评价会关注医疗、教育、出口等关键行业，因此，也得到了各国政府的支持。其中，较为有趣的结论有，对比英美医疗，虽然制度、环境等方面存在诸多不同，但是消费者对于服务评价的差异并不显著；而关于教育的研究结果显示，美国、新西兰两国学生都不认为接受了很好的大学教育服务。对于以上两个研究的解释是，消费者的期望在其中起到了决定性的作用。

总体来看，相对于快速发展的跨国服务，服务来源国的相关研究较为缺乏（Berentzen，Backhaus et al.，2008；Ferguson，Dadzie et al.，2008）。以服务来源国作为具体研究对象的研究非常少，多是在产品来源国中附带提及，或是在跨国服务、文化等关于服务来源国的相关研究中有所涉及。相关文献结论仅揭示了服务来源国现象，认为服务来源国会影响到服务评价，产品通过附加服务的延伸会削弱产品来源国的负面影响。由于大部分研究的主题都不是以服务来源国为中心的，研究中其他因素，如实验设计、实验样本等都可能会影响相关服务来源国结论的推导，导致结论说服力不足。虽然，有文献提出了可以从服务特征、类型、文化等角度探讨服务来源国的独特之处（Javalgi，Cutler et al.，2001），但现有文献并没有凸显服务的差异，与产品来源国趋同的研究造成了相关文献的价值难以得到认可。同时，服务作为营销发展的一种范式，在研究中具有完整的基础理论体系。但目前对服务来源国效应的研究还很零散，尚未形成相应完整的研究体系，不能为服务企业相关实践提供具有可操作性的建议。

二 相关文献列表

来源国对服务评价的影响的相关文献如表 2-4 所示。总体来看，虽然相关文献从核心服务、附加服务和跨国比较三个角度进行了论述，但对于附加服务仅是从产品的附属角度进行论述，跨国比较更多地关注了文化等因素的作用，而核心服务的着眼点也没有关注服务的特殊性。对服务领域的研究仍然很零散，尚未形成完整的体系，也没有突出服务与产品的差别。

表 2 - 4　　　　　　　　来源国研究主要文献

类型	服务内容	来源国（地区）样本	消费国（地区）	样本	主要内容	文献
核心服务	滑雪度假	瑞士、法国、奥地利	美国	滑雪参与者	认为在品牌不知名的情况下，对于度假地来说，来源国比品牌形象更为重要	Ofir 和 Lehman（1986）
	出口商店	日本、美国	韩国	公司采购经理	B2B 市场研究，评价来自不同国家的出口辅助，发现不同国家企业具有不同优势	Kraft 和 Chung（1992）
	法律服务	美国	对于来自高、低权力距离国家的消费者进行比较	移民法律公司顾客	高权力距离国家的消费者更可能会认为服务提供者将会参与到不道德活动中，更少信任服务提供者；低个人主义国家的消费者对服务提供者的信任度更低，更可能会认为服务提供者将会参与不道德活动	Shaffer 和 O'Hara（1995）
	零售商店	墨西哥、德国	美国	东海岸城市的消费者	对零售业者的比较，认为德国零售商被认为会提供更好的产品、服务和广告；而墨西哥零售商被认为会提供低价格和更大折扣	Lascu 和 Giese（1995）

续表

类型	服务内容	来源国(地区)样本	消费国(地区)	样本	主要内容	文献
核心服务	眼科医疗服务	印度、日本、美国、西班牙	美国	商科专业研究生	消费者对于国家的认知偏差会影响到消费者的服务选择。当服务提供者与消费者的国别相同时,会有优势;反之,会有劣势。服务水平、广告信息等可以在一定程度上缓解这种劣势	Harrison-Walker (1995)
	零售服务	澳大利亚、印度尼西亚、美国、日本	澳大利亚	研究生	关注来源国与品牌对消费者质量感知、购买倾向、感知价格的交互影响,认为来源国与品牌对消费者感知的交互作用明显,来源国效应在零售服务业依然存在	Pecotich、Pressley和Roth(1996)
	航班	加拿大、美国、墨西哥	加拿大	筹备旅行者	在对于航线偏好的研究中发现,COO是仅次于价格的影响消费者偏好的因素。消费者偏好本国航空公司,但当他国所提供的价格和服务的优惠力度较大时,其也会转向其他国家公司	Bruning (1997)
	银行、航空公司	德国、波兰、瑞士、捷克、西班牙	德国	研究生	通过给出服务相关的其他质量线索,进行结合分析,发现在跨国服务市场中,来源国效应仍然存在	Berentzen 等 (2008)
	保险	波兰、德国	波兰	学生	在风险服务中,来源国会导致高水平的初始信任,并且公司声誉会与其产生交互作用	Michaelis 等 (2008)

续表

类型	服务内容	来源国（地区）样本	消费国（地区）	样本	主要内容	文献
核心服务	娱乐	印度	印度	三座大城市的青年人	以电影、马戏等为研究背景，认为在娱乐业中，来源国会显著影响到消费者对其的评价	Bose 和 Ponnam (2011)
附加服务	零售商店信誉保证（收音机）	日本、中国台湾	美国	研究生	产品保证对于质量、态度、购买倾向具有显著的影响，与来源国、店铺形象有交互作用，尽管并不显著	Thorelli 等 (1988)
	质量保证（个人电脑、挂钟）	美国、韩国	美国	消费者	产品保证对于个人计算机而言更为重要，当产品越复杂、价格越高、风险越大时，产品保证会越重要	Lee 等 (1992)
	质量保证（手机）	日本、俄罗斯、加拿大、比利时	加拿大、比利时	地区抽样优化	利用结合分析，认为保证是产品的一种属性，但对于消费者而言，保证的重要性不高于来源国、价格等其他属性	Okechuku (1994)
	担保（汽车、录像机、传真机）	加拿大、日本、墨西哥	加拿大	成年男性或彩色经济（地区抽样）	产品保证是决定录像机购买价值最重要的属性。但对于汽车来说，产品保证的重要性排在来源国之后	Ahmed 和 D'Astous (1995)
	满意保证（汽车、录像机、鞋）	加拿大、墨西哥、日本、意大利	加拿大（魁北克地区）	成年男性（地区抽样）	相对于感知质量，满意保证对购买价值的影响更大。其是影响汽车和录像机购买最重要的因素，而对于鞋而言，来源国的影响更大	Ahmed 和 D'Astous (1996)

续表

类型	服务内容	来源国(地区)样本	消费国(地区)	样本	主要内容	文献
附加服务	质量保证或退换货（手机、录像机、鞋）	墨西哥	加拿大、美国	成年男性（地区抽样）	设计、组装来源国是影响消费者购买最重要的因素，而保证等对于高技术类的产品而言会更加重要	Ahmed 等（1997）
	满意保证（冰箱、照相机、T恤、手机、录像机、鞋）	中国、加拿大	中国、加拿大	成年男性	对比了两国消费者对于来源国、保证影响产品评价的认识	Ahmed 和 D'Astous（1999）
跨国比较	出口促进服务	加拿大、奥地利		500 名员工以上的出口公司	奥地利公司更可能使用相关服务，从外部来源获得出口知识	Seringhaus 和 Botschen（1991）
	内科医疗	美国、英国		学生	对比了英美两国全科医生，发现尽管两国医疗系统不同，但在患者对于质量的感知上并无差异。认为原因在于不是没有实际的差异，而是消费者的先前期望是不同的	Schliegelmilch 等（1992）
	教育	美国、新西兰		商科学生	利用 SERVQUAL 量表研究了两国教育，发现美国学生的期望要高于新西兰学生，但新西兰学生对自己高校的评价高于美国学生	Ford 等（1993）
	教育	加拿大、苏格兰		学生	采用高校申请进行研究，认为由于服务绩效的不确定性，选择和测量并不一致	Edgett 和 Cullen（1993）

续表

类型	服务内容	来源国(地区)样本	消费国(地区)	样本	主要内容	文献
跨国比较	快餐业	美国、韩国			不同文化的服务感知会存在差异，美国消费者更加关注价格和保证性，韩国消费者更加关注可靠性和移情性	Naresh K. Malhotra 和 Francis M. Ulgado (1994)
	旅馆	中国、日本、英国		旅行者	亚洲与英国消费者在服务期望、服务质量和感知方面存在明显差异	Robert W. Armstrong、Connie Mok、Frank M. Go 和 Allan Chan (1997)
	银行	加拿大、英国、印度、美国		年轻、大学教育程度以上、中产阶级	基于霍夫斯塔德的文化模型的维度测量，发现权力距离与服务响应性、可靠性间存在负相关关系，而个人主义与服务移情性和保证性间存在正相关关系	Donthu 和 Yoo(1998)
	教育	美国、新西兰		商科学生	文化差异会影响到对教育的期望	Ford 等 (1999)
	旅店	奥地利、意大利		旅行者	文化距离仅影响服务质量维度中的一些特定维度	Weiermair K. 和 Fuchs M. (1999)
	宾馆	中国、日本、澳大利亚、加拿大、英国、美国、斯堪的纳维亚	新加坡	亚洲、西方旅行者	相对于亚洲顾客，西方文化背景下的顾客更倾向于把有形展示作为质量判断依据，消费者体验更愿意追求享乐主义	Mattila (1999)

续表

类型	服务内容	来源国(地区)样本	消费国(地区)	样本	主要内容	文献
跨国比较	银行	美国、中国大陆、韩国、新加坡等		MBA学生	当得到高质量服务时,具有低个人主义或高不确定性规避的消费者倾向于去表扬,而当他们得到低质量服务时也不会随意转换,出现负面口碑或抱怨。但具有高个人主义或低不确定性规避的消费者更倾向于转换,将参与负面口碑传播或抱怨,而当其得到高质量服务时也不倾向于表扬	Olivier Furer、Ben Shaw - Ching Liu 和 D. Sudharashan (2000)

资料来源:笔者根据相关资料整理。

第五节 消费者知识

知识是指在人们长期记忆中存储的信息（Ratchford, 2001）。在信息时代背景下,知识对于个人判断、企业决策都有十分重要的意义,知识将决定消费行为,影响企业运营策略。本书着重强调的消费者知识（Consumer Knowledge）,是指在消费情境中,影响消费者行为判断的知识。一般来说,消费者知识并不完全反映个人长期记忆中信息的数量和本质,更多是以此为基础的感知（Park, Feick et al., 1992）。消费者知识是理解消费者行为的重要构念,包括信息搜索（Rao and Sieben, 1992）和信息处理（Rao and Monroe, 1988）。在学术研究中,消费者知识代表了消费者对产品和服务质量、品牌等信息的搜索、学习,并由此对相关选择集进行的优化。

在文献中经常出现的还有另外一个构念,即顾客知识（Customer Knowledge）。顾客知识与消费者知识相同之处在于,两者都是指与消费者个体相关的知识储备。两者的区别在于，消费者知识关注个体行为，即知识对个人决策的影响；而顾客知识关注企业运营，即企业如何利用顾客知识，对市场进行深入了解，与顾客维护良好关系，构建价值共创体系，实现企业绩效的提升（Prahalad，2000；Vargo and Lusch，2004）。顾客知识被认为是顾客的关键资产（Rowley，2002），是企业长期竞争优势的来源（Claycomb，Drge et al.，2005）。通过对嵌入顾客关系的知识了解，利用顾客知识与市场知识的整合，会保证企业的盈利性和运营弹性（Zanjani，Rouzbehani et al.，2011）。本书关注消费者对服务的评价，因此使用构念为消费者知识。

一 消费者知识内涵

（一）知识宽度（Breadth）与知识深度（Deepth）

知识有两种属性，即知识宽度和知识深度（Zhou and Li，2012；Caner and Tyler，2015）。知识宽度是指拥有跨越不同领域范围知识的程度；知识深度是指拥有领域内知识的数量（Laursen and Salter，2006；Xu，2015）。从消费者角度来看，知识宽度反映了消费者的兴趣多样性，与个人思维开放程度有关，可理解为消费者接收更多产品、服务的相关信息，会有更广的选择集。知识深度反映消费者对特定领域的了解程度，可理解为消费者能够从产品、服务本质属性进行质量评价与判断，而不仅依靠外部线索。从企业角度来看，知识宽度会让企业保持经营的灵活性，更容易将技术、市场等方面的优势扩散到其他相关领域。知识深度会更多体现企业在特定技术或市场上的优势，是构建竞争力的基础所在。一般来说，知识深度与宽度是相辅相成的关系，知识深度会以知识宽度为基础，而知识宽度的构建，也一定是围绕特定领域的深入研究，然后扩散展开。但以上效应也有一定边界，如在企业进行新产品开发时，当知识深度较好时，较宽泛的知识会有助于提升新产品绩效；而当知识深度不足时，知识宽度反而对新产品绩效有负面影响（Defeng，Lu et al.，2017）。

（二）显性知识（Explicit Knowledge）、隐性知识（Tacit Knowledge）

个人会使用不同的视角去思考问题和解决方案，以创新的方式分享知识，以及群体心理和智力资产（Ashkenas, Ulrich et al.，1999）。人们拥有的知识可以通过思考、分享方式的差异分为隐性知识和显性知识等两种。显性知识是指学业知识或事实知识，其常以已有工作过程为基础，可通过正式语言文档，以印刷或电子媒介形式进行传播交流。隐性知识是指实践、行动导向知识或以练习为基础的技能，需要通过个人体验获得，与直觉类似，很难被公开表达出来。

显性知识多表现为正式语言描述的科技或学术的数据信息，如指南、数学公式、版权、专利等。此类事实知识或系统知识很容易通过印刷、电子媒介或其他正式方式进行交流或分享。显性知识的理解需要通过正式教育或学习，具备一定水平的文化知识基础。显性知识被仔细编码，储存在多层级数据库中，通过高质量、高可靠性的快速信息检索系统进行使用。一旦编码，显性知识资产能够被重复利用，以解决一系列类似问题，或利用有价值、可重复利用的知识让人们相互连接。分享过程常需要大量的支撑信息科技基础建设的经济投资（Hansen, Nohria et al.，1999）。显性知识的收集、使用需要一个可预测的相对稳定的环境。

隐性知识使用为自发启动，对时间和认知需求较少，其会影响组织的决策形式，决定集体行为规范（Liebowitz and Beckman，1998）。隐性知识的很多部分是不能通过语言表达的，对于知道如何使用或操作也不需要思考，如骑车、游泳等（Polanyi, 1967）。隐性知识是高度个人化、主观形式的知识，常常是非正式的，可以从他人的议论中推断得知（Sternberg, 2011）。隐性知识倾向于本地化，很难形成类似书籍、指南、数据库等正式文本信息的形式。隐性知识是技能或认知，包括了心智模式、价值观、信念、感知、洞察力等。人们会使用隐喻、类比、演示、故事等形式传达隐性知识（Stewart, 1997），听者可以评价故事内容和感受行为，将有用的隐性知识应用到自己的工作中。隐性知识常与情境相联系，相对于显性知识，更容易被记起和谈论。但隐性知识的价值，如顾客信誉、品牌认知等，却常常被低估，也没有被充分开发利用。

显性知识与隐性知识有一定区别，但也可以相互转化。其中，显性知识可以通过结构化、仪式化等形式，逐渐变为隐性知识。如企业成立初期的口头约定等规则，发展到企业成熟期，往往通过故事化，成为企业文化的一部分。隐性知识也可以通过标准化、编码化等形式，深入挖掘其中的技能、窍门等内容本质，然后通过语言、数据等表达，形成显性知识。如企业一些难以模仿的工艺流程，通过流程逐步分解，厘清影响要素，反复试验，成为标准工作流程指南。

（三）主观知识（Objective Knowledge）、客观知识（Subjective Knowledge）

消费者研究对消费者实际知识与知识评估进行了区分（Alba and Hutchinson，2000；Bearden，Hardesty et al.，2001），认为消费者知识可以分为主观知识和客观知识等两类（Brucks，1985）。客观知识，即存储在长期记忆中的产品相关的准确信息，其测量个人记忆中实际知识的数量、类型和结构；主观知识，又称为自我评估知识，即人们对其知道的产品信息内容和量的感知，测量个人对自己拥有知识的感知（Ghalandari and Norouzi，2012）。虽然两者有一定关联，但从构念和操作上来看，两者有较大差异（Brucks，1985；Huylenbroeck，Mondelaers et al.，2011）。客观知识和主观知识之间有较强的正向相关性，但自我评估知识并不能完全作为客观知识的替代（Park，Gardner et al.，1988）。消费者对产品或服务的知识越多，其对所拥有知识的感知也越强烈。然而，多个领域的实证研究都认为客观知识和主观知识是相互区别的构念（Christine Moorman，KristinDiehl et al.，2004）。一是两者的联系在不同主题的研究中并不一致，在某些情境中两者甚至没有显著关系。基金投资对于专业管理者来说是客观知识，然而消费者感知到对基金投资的了解却是主观知识的表现。在医学、人力资源等不同领域的研究中，两者之间的相关系数差异明显，部分研究中两者关系并不显著（Ellen，1994；Duhan，Johnson et al.，1997）。二是与两者密切相关的构念差异明显。客观知识与能力、专家知识显著相关，而主观知识与产品、服务相关经验、消费者对决策能力的信心显著相关（Radecki and Jaccard，1995；Bearden，Hardesty et al.，2001）。值得注意的是要区分对自己知识的信心和对自己决策的信心。前者是个人客观知识的体现，而后者是个人客观知识的结果。比如，个人感觉对"中国服务"的客观知识较多，也更可能对自己选择"中国服务"的信心更强。然而，对自己关于"中国服务"选择的信心更有可能来自客观知识的感觉，而不是拥有客观知识本身。主观知识评估的提升以客观知识为基础，但也会显著受到过往经验、参考群体意见的影响，个性特征差异也会左右个人对自我主观知识的判断。另外，也有学者认为应对消费者知识进行进一步细分，认为有客观知识、主观知识和先前经验等三类（Brucks，1985）。其中，先前经验就是指消费者对产品的使用经验。虽然其测量更为具体，但从客观知识、主观知识的定义来看，先前经验跟两者有交叉混淆之处，因此在研究中，使用较少。

（四）外部知识（External Knowledge）、内部知识（Internal Knowledge）

从知识的拥有方来看，可以分为外部知识和内部知识。外部知识与内部知识的分法更多是一个相对概念，知识从不同角度来看，判定会有很大差别（陈晓芳等，2017）。如，消费者知识从企业角度来看，就是外部知识；而从消费者自身来看，应为内部知识。从企业运营来看，外部知识与内部知识分法的重要之处在于，如何实现两者的转化。如，怎么将消费者知识转化为企业知识，包括消费者创意促进企业产品或服务的创新、消费者偏好形成企业市场竞争动态等将消费者知识转化为企业资产的活动。同时，企业的内部知识，包括产品或服务的设计、质量保证等内容，也需要通过广告、指南、品牌故事等形式，逐渐成为外部知识，让消费者接受。由于这种分类方式在消费者研究领域受制于研究主题，因此在学术研究中的使用并不多见。

二　消费者知识研究视角

消费者知识会对企业运营产生良好支撑，对企业形成竞争优势有重要影响，消费者知识的相关研究十分丰富。从研究视角上来看，与消费者知识关系密切的有企业和消费者，大多数研究也是从企业和消费者等视角展开的。

1. 从企业视角来看，主要研究消费者知识的吸收、同化和利用。对消费者知识的吸收，认为企业的吸收能力会有决定性影响。企业需要有开放心态，广开言路，同时，企业内部要建立良好的机制，畅通知识吸收、构建渠道。消费者知识吸收后，面临的重要问题是，如何同化消费者知识。相对于企业知识，消费者知识在编码、立场、结构等方面有较大差异。企业要多从消费者角度思考问题，将输出转为输入，不断将消费者知识纳入企业知识体系，做到消费者知识的有效开发。消费者知识的利用主要集中在解决市场创新、产品改进等问题之上。由于市场碎片化趋势不断加剧，消费者需求个性化提升，企业依靠员工等内容力量进行创新，很难真正体现市场的需求，引入消费者参与是大势所趋。通过顾客参与等环节的设计，消费者通过与员工的互动交流，会将想法传递给企业，企业将其与员工创新结合，能更好地满足消费者需求。

2. 从消费者视角来看，消费者知识会影响消费者决策的判断，以及线索的利用。一般来说，消费者知识的提升会让消费者决策更为理性。消费者客观知识的增加，会让消费者对服务、产品的质量，特别是与自我需求的适应有更深入的了解，会有助于消费者选择适合的产品或服务。但从消费情境实际来看，随着市场分工的细化，消费过程会伴随着纷繁的产品、服务类别，与之相关的消费者知识也十分庞杂。从学习成本来看，消费者要获得与消费选择难度适应的知识并不现实，也并不值得。特别是在服务情境中，服务涉及与消费者互动等因素，没有固定质量判断标准。消费者在没有体验服务之前，很难通过知识储备减少消费选择的不确定性。如，消费者需要选择金融机构理财，在没有实际发生业务之前，很难通过广告宣传等资料，知道不同理财经理的服务水准。即使可以通过获取知识提升选择正确性，常见的消费情境也不值得去投入精力学习了解。如，如何选择快递品牌寄一件价值不高的普通商品给朋友。花精力去了解各种常见快递品牌，在价格、速度等方面的差异，很多时候都得不偿失。一般来说，消费者主观知识会随着客观知识的提升而变化，可能会出现消费者主观评价过高，与客观知识水平脱节严重的情况（Alba and Hutchinson，2000）。即在消费过程中，消费者过于自信，高估了个人对产品、服务的了解，造成消费不理性的现象出现。

3. 消费者知识从来源上来看，主要涉及消费者学习、经验、认知努力、消费者教育、顾客社会化等构念。另外，对产品、服务的评估线索的了解也会成为消费者选择或评价的主要因素。消费者学习是指消费者在购买和使用商品的活动中，不断地获取知识、经验与技能，通过积累经验、掌握知识，不断地提高自身能力，完善自身的购买行为的过程（Li，Daugherty et al.，2003）。消费者学习可以分为直接学习和间接学习等两种情况，其中直接学习强调从直接经验中获取知识，而间接学习强调从观察、教育中获取知识。消费者学习是消费者知识构建与积累的过程。在消费情境中，消费者学习会特指针对某一产品、服务的学习，有效提升消费者知识。消费者学习又会受到消费者动机等因素的影响，知识易得性、消费者卷入度都会决定学习动机的高低。

消费者经验是指消费者通过直接消费环节获得的相关知识（Thompson，Locander et al.，1989）。部分学者将其与主观知识、客观知识相对应，也是消费者知识的一个类型。从实际来看，消费者经验与主观知识、客观知识有重叠部分，并不是完全两分的构念。消费者经验强调直接体验，对产品或服务的亲身感受，有助于隐性知识的理解。相对于产品消费情境，在服务消费情境中，消费者经验会更有助于消费者理性选择。同时，消费者经验也会在强化消费者客观知识的同时，增强对决策判断的信心，提升消费者主观知识。

认知努力是指个人有限处理能力中的投入比例（Kellogg，1984）。对消费者来说，相对认知任务而言，信息的处理能力总是有限的。那么，如何分配使用有限认知能力将十分关键。相对于高消费者知识，低消费者知识会要求消费者投入更多精力，开展搜索信息、学习等活动，会要求更多认知努力。消费者知识与认知努力对于消费者决策会产生交互作用。同时，当消费者对产品、服务评价卷入度较高时，也会产生更高的认知努力水平。

消费者教育是获得管理消费者资源的知识和技能，并通过行为影响消费者决策的过程（Bannister and Monsma，1980）。企业、家庭、教育机构通过向消费者提供信息、传授知识和技能，帮助消费者有效处理各类消费者问题。同时，协助企业更有效率地经营管理市场。消费者教育是比较宽泛的概念，虽然在消费者研究中会强调企业有意识的信息传播等活动，但从商业经济相关的教育内容以及效果来看，主体还应有教育机构、家庭对消费者的影响。总体来说，消费者教育是对社会、企业、消费者都有正面影响的活动。从社会层面来看，会促进经济社会的发展；从企业层面来看，有助于企业有效运营；从消费者层面来看，会为消费者面对的各类消费问题提供有效解决思路。

顾客组织社会化（Customer Organization Socialization）指顾客接受和适应组织价值观、规范、要求行为模式的一种过程，为顾客提供其参与服务生产交付的具体行为指导（Mills and Morris，1986；Kelley，Skinner et al.，1992）。在服务领域中，顾客要参与整个服务过程，顾客组织社会化对服务结果有更大影响。顾客组织社会化过程不是组织对顾客的单向行为，需要组织与顾客的沟通，通过不断反馈调整，才能达成双方都可接受的状态。其也不是针对顾客某个时点的营销方式，而是会贯穿整个顾客与组织互动的连续过程，甚至在顾客还未与组织有服务意向时，就会通过广告等媒体进行前期社会化。社会化过程实际上也是传递知识的过程，通过消费者教育等正式形式，或"干中学"等非正式形式，社会化会传递非常丰富的信息。对于消费者，可以起到包括提升消费者技能，厘清消费者角色定位，调整产品或服务绩效的期望，了解并认同企业组织文化等作用；对于企业，会有助于形成良好的组织发展氛围，提升企业服务绩效，减少企业运营压力等。

评估线索是指产品或服务中的价格、品牌名称、包装、颜色等一系列形成印象的基础（Livingston and Brewer，2002）。评估线索与知识在消费者处理消费问题时，有类似相互补充的关系，但在知识不足时，消费者的更多判断会源于线索；而当知识较丰富时，消费者更多判断会源于对产品或服务满足功能或体验需求的能力。当评估或选择相互竞争的产品或服务时，消费者会更多依赖某些评估线索（Szybillo and Jacoby，1974；Richardson，Dick et al.，1994；Pezoldt，Michaelis et al.，2014）。消费者使用评估线索的动机在于减少感知风险，弥补所缺专家知识，或是对缺少卷入度的补偿，减少问题判断的复杂性，契合信息搜索偏好（Heskel，Bourdeau et al.，2005）。一般来说，产品或服务的评估线索会从内在或外在等两个方面进行区分（Olson，1978）。内在线索被描述为产品或服务的物理属性、具体绩效标准，如汽车的耗油量、燃油型号、颜色、大小、马力等（Wall，Liefeld et al.，2015）。Zeithaml（1988）认为内在线索包括产品的物理部分，其可以从消费的具体细节上解释不同产品、服务之间的差别（Olson，1978）。外在线索被描述为与产品或服务相关，但并不是产品、服务自身的一部分，其更多的是市场决定的因素，有不可触摸的特征，如品牌名称、零售商、价格、来源国等（Cordell，1993；Lee and Lou，1995）。外在线索倾向于更为一般化，能更为广泛地应用于大部分产品或服务，而不是具体指向某类产品或服务。比如，企业品牌就可以用于企业所有产品命名。Olson（1977）认为外在线索对于消费者可能影响更大，特别是当内在线索判断困难时，外在线索的重要性会更为明显。以往文献对不同线索的区分大多集中在产品背景下，对服务提供研究关注较少。如果从传统的线索定义描述来看，由于核心服务的重要特征为不可触摸性，所以服务提供物没有内在线索。因此，在服务领域这种区分需要进一步优化，关于内在、外在线索区分的相关研究结果，仅是对产品领域研究结论的妥协（Heskel, Bourdeau et al. , 2005）。消费者会利用线索推断质量和其他属性，内在、外在线索的分法在概念上有一定问题。如产品包装可以视为内在线索，也可以视为外在线索。有文献将国家声誉列为内在线索，而将品牌、声誉相似因素列为外在线索。在服务场景中，线索间的差别更需针对具体情境而言，很难有准确的区分。但总的来看，内在和外在线索分法广泛使用（Zeithaml，1988），产品特殊性会更多与内在线索对应，而一般化线索更多与外在线索对应。在服务领域的评价中，按功能来分会更有用，即把线索分为功能线索和非功能线索（Park and Lessig，1981；Alba and Hutchinson，1987），消费者利用不同类型线索进行评价会受到产品熟悉度、顾客知识、专家知识等消费者个人差异的调节（Cordell，1993；Lee and Lou，1995；Mattila and Wirtz，2002）。

总体来看，消费者知识在很多领域都有深入研究，特别是在产品领域，相关成果丰富。但在服务领域，关于消费者知识的研究并不多见，特别是消费者知识对线索评价的影响理解仍需进一步完善。相对于产品绩效评价，由于服务的无形性、互动性特征，服务绩效的评价更为主观，很多时候无法通过客观的服务功能表现进行了解。在消费者对服务的评价过程中，线索的作用会更加明显。同时，不同的消费者知识会对消费者评价产生不一致的影响。

第六节　文化距离

涉及跨国企业运营、国际化相关的研究，对文化差异的关注是探讨的关键之一。文化本身是一个泛化的概念，从语言学、文化交流、企业文化、哲学、人类学等各种视角，关于文化的定义非常多（季羡林，2011）。如，文化是人类在社会历史发展过程中所创造的物质财富和精神财富的总和。文化是由人类长期创造形成的产物，是人类社会与历史的积淀，是对客观世界感性上的知识与经验的升华。文化会受到经济社会发展、地理历史等因素的影响，也会形成价值观念、风俗宗教等一系列社会团体共同的思维特征，在特定区域、民族中传承。

从企业运营管理实践，以及学术研究来看，泛化的概念可以带来很好的宏观思考视角，能厘清历史发展的脉络。同时，由于文化概念泛化，包含内容过多，很难进行量化，也对实证研究的深入产生了一定阻碍。因此，在80年代，学者结合文化内涵，认为价值观是文化的核心，推出了相关文化维度的概念。认为文化可以分为不同的文化维度，通过文化维度的测试，可以体现不同文化间的差异。

一　文化维度

文化维度（Culture Dimension）的概念最初由荷兰学者霍夫斯塔德（Geert Hofstede）在对文化因素进行定量研究时提出。1980年前后，霍夫斯塔德和同事在对66个国家的1万余人工作价值进行研究的基础上，发展出基于西方文化的四个文化维度，即个人主义与集体主义、权力距离、不确定性规避、刚柔性（Hofstede，1980）。

个人主义与集体主义是指个人与集体的关联程度。即个人在处理与集体之间关系时，个人目标、集体目标孰轻孰重。在个人主义背景下，个人会更看重个人目标的实现。与之相对，在集体主义背景下，集体目标会得到优先考虑。以上个人主义与集体主义为对立两极的观点，得到了许多学者的认可。但跨文化心理学研究中，对个人主义与集体主义进行了更为深入的讨论，认为两者还可继续分为水平（Horizontal）和垂直（Vertical）两个维度（Triandis，1995）。其中，水平维度强调平等、独立，认为所有人都有平等的权利、平等的地位；垂直维度强调等级观念和地位差异，更容易接受竞争，以及人与人之间的不平等状态。四种维度结合后又可形成四种不同的类型，即垂直的个人主义（Vertical Individualism，VI）、水平的个人主义（Horizontal Individualism，HI）、垂直的集体主义（Vertical Collectivism，VC）、水平的集体主义（Horizontal Collectivism，HC）（王永丽等，2003）。

权力距离是指社会对权力不平等的可接受程度。其可以反映社会中弱势成员和强势成员的价值观。在高权力距离文化背景下，个人对于独裁、权力和财富分配时的社会不公平，易于接受和容忍。在低权力距离文化背景下，个人更关注公平、民主，更关注专家或合法的权力。权力距离会受到社会制度、社会发展程度、教育水平等因素的影响，也会直接影响到企业组织结构变化。

不确定性规避是指个人在社会不确定或模糊性的情境中，感受到威胁的程度。人们为了避免上述威胁，会采取一些技术、法律或宗教等行为。在高不确定性规避文化背景下，人们面对不确定性时，会感到紧张、焦虑，更愿意保持现状，不愿意接受新的想法、观点。在低不确定性规避文化背景下，人们愿意接受一定的风险，对创新性的思维、行为都有更高接受度。

刚柔性，也有学者将其译为男性化和女性化，是指社会表现出的男性化或女性化的气质倾向。在高男性化文化背景下，人们更认同竞争性、独断性等男性特质，更愿意为追求功利方面的成功付出努力。在高女性化文化背景下，人们更关注谦虚、关爱、家庭等女性特质，更愿意选择家庭生活，关心社会和谐与进步。

后期，霍夫斯塔德等学者又加入了维度长期取向和短期取向，是指个人对延迟物质、情感、社会需求等方面的满足所能接受的程度（Hofstede，1983）。在长期取向文化背景下，人们倾向于节俭、积累、容忍和传统，追求长期稳定和高水平的生活。在短期取向文化背景下，人们更关注及时行乐，活在当下，追求享乐的生活。

在霍夫斯塔德等学者提出的文化维度观点基础上，20世纪90年代初，施瓦茨又从价值观选择出发，通过与跨文化适应研究相关的自我提高与自我超越、开放与保守等两对相互冲突文化维度，提出了十种文化价值观类型（Schwartz，1994），即为享乐、刺激、自我定位、安全、服从、传统、权力、成就、普世主义和仁爱。自我提高是指社会关注个人成功，强调成就与权利。自我超越是指社会平等接受他人，关心他人利益。两者主要是关于个人对利己主义还是利他主义的追求。开放是指社会个体普遍具有独立思想和行为，能接受改变的倾向。保守是指社会个体普遍能够自我约束，有维持传统安定的倾向。两者主要是个人方向和对传统的遵守两个方面的差异。

除以上学者对文化维度的研究之外，其他学者也对文化维度进行了深入讨论（Kogut and Singh，1988；Teagarden，2004）。总体来看，文化维度的研究十分丰富，关注了国家之间文化差异，但也存在一些有待完善之处。一是现有文化维度研究大多关注了西方文化的发展，对于中国文化的了解不够深入。霍夫斯塔德等学者后期关注了中国儒家文化，又对四维度进行了扩展，但与东方文化的契合度仍需优化。二是由于文化本身就存在泛化等特征，关于文化维度的实证研究并不多见。相对于宏观思考，对个人文化心理等微观层面的问题思考不足。施瓦茨等学者的研究提出了十种文化价值观，形成了完善的文化结构，但从数据支撑来看，仍有一定欠缺。三是需要在消费情境下，进行跨国样本的比较研究。文化维度研究关注了不同社会群体的价值取向，但大多没有针对消费情境，在目前企业国际化趋势快速发展的背景下，消费者会接触更多的跨文化的产品或服务，有必要探讨消费者行为受不同文化影响的差异。

二　文化距离

文化距离是指国家之间的文化价值观的差异程度（Sousa and Bradley，2006）。在经济全球化的背景下，国家之间的经济文化交往更加密切。企业国际化经营需仔细考量国外市场文化环境，消费者日常生活会有许多国际商品、服务的选择。文化距离作为测量跨国环境下文化之间的差异，会影响到国际市场中的企业行为，在国际市场营销研究领域获得了大量学者的关注，也是研究热点之一（Shenkar，2012）。

文化本身具有习得性、共享性、变迁性等特点，即文化是社会群体内成员相互之间学习传承的思维方式、价值判断、行为规范，文化会随着时间不断积累变化。因此，文化距离的前因一般认为是经济社会发展状况和个人特征，包括历史传承、地理、民族风俗、资源、教育交流、语言等因素。由于文化的含义范畴十分宽泛，对于不同文化间的差异产生的原因，相关实证研究并不多见。大多是对相关文化差异现象的宏观思考，对企业跨国经营策略、个人或群体对跨国环境文化适应等方面的讨论。

文化距离是对文化差异的定量表述，会对跨国文化交流相关活动产生大小不同的影响。相关成果十分丰富，研究也涉及许多领域，包括国际贸易、文学、投资、旅游、企业经营等。从宏观的经济社会层面来看，文化距离会影响到不同族群之间的融合，相对来说，文化距离较大的族群之间交流融合会有更大困难。国际贸易中的资金流向也受到文化距离的影响，其中也有贸易历史等方面的原因，地理距离与文化距离显著相关，贸易也会有传统的通路。反之，不断地进行贸易也会促成文化交融，文化距离也会相对变小。目前，中国"一带一路"倡议也可验证以上观点，沿线国家、地区文化交流传承的历史是该倡议成功的重要基础之一。从中观的企业经营来看，在跨国兼并、市场进入策略、合资经营、跨国公司绩效等方面，都有较多研究，大多数文献认为文化距离会起到调节作用，即文化距离会影响到公司经营，相对来说，东道国与公司母国文化距离越大，公司面临的经营风险越大。从微观的个人层面来看，主要有个人对文化的适应困难问题，文化距离会对文化适应有负面影响，甚至会对个人造成较大心理压力。消费者面对来自不同文化背景的产品，产品评价效应比较复杂。相对来说文化距离越大，越会有神秘感，可能会促进消费者的评价，而消费者对文化的了解会影响到产品评价效应的作用边界。也有许多学者认为文化距离对一些产品的销售并无影响，如可口可乐公司产品、联想公司产品等，全球化经营公司的理念深入人心，公司文化得到了全球消费者的认同。

从文化距离的相关文献来看，文化距离的研究更多集中在宏观层面，包括国际贸易等领域，但作为市场决定因素的消费者，更应该被重视，视角有必要转向微观的个人层面。另外，文化距离的研究结论更多聚焦于产品领域，从服务经济的发展来看，服务贸易将会成为全球经济的支撑，服务中的互动又更为强调文化的交流，因此也需要将文化距离相关研究拓展到服务经济领域。

关于文化距离测量目前有两种方式，一种是文化距离问卷的形式，另一种是利用现有文化维度的值进行计算。采用问卷形式测量文化距离，可以按情境进行相关调整，与研究主题更好契合。同时，问卷会强调个人主观感知，能体现个体差异。但与其他问卷研究方法一样，要完全避免共同方法偏差十分困难。后一种方式，可以利用现成二手数据进行计算，研究结论可以重复验证，更容易得到其他学者的认可。但如果文化维度都取现成数据，在没有多国别数据的情况下，变量之间的差异又太小，容易出现结论无法证实的情况。本书考虑到方法的稳健性，以及样本国别较多的情况，采用了后一种测量方式。

具体来看，虽然直接采用国家之间不同文化维度中的平均差值也可接受，但这种方法使用并不多见。得到共识较多的相关测量处理方式大致有三种：一是文化距离问卷（Cultural Distance Inventory）（Babiker, Cox et al., 1980）。源于对旅居者文化环境与移居环境中社会和自然方面差异的测量。认为文化可以划分为由远及近的连续体，且受到个人主观认识的影响。问卷一般会结合实际研究主题，通过李克特量表的形式，对个人对东道国文化了解程度、不同国家文化差异所在等内容进行测量。

二是 KS 指数。该指数由 Kogut 和 Singh（1988）基于霍夫斯塔德等学者提出的文化维度理论进行构造测量，该指数的思路被广泛接受和使用。具体公式为：$CD_{ij} = \sum_{k=1}^{4} \{(I_{ki} - I_{kj})^2/Vk\}/4$。公式中的 CD_{ij} 表示国家 i 与国家 j 间的文化距离，I_{ki}、I_{kj} 分别表示国家 i 和国家 j 在文化维度 k 上的指数，V_k 是指文化维度 k 指数上的两国得分的方差。

三是欧式指数。该指数同样以文化维度理论为基础，由 KS 指数优化得来，两者主要的差异在于欧式指数认为不同文化维度对文化距离的影响并不一致，引入欧几里得空间距离的概念进行赋值加权。具体公式为：$CD_{ij} = \sqrt{\sum_{k=I}^{n} (I_{ki} - I_{kj})^2/V_k}$。公式中的 CD_{ij} 为 i 国与 j 国之间的文化距离。I_{ki} 是指 i 国在第 k 个文化维度上分值；I_{kj} 是指 j 国在第 k 个文化维度上分值；V_k 是指所有样本国家在第 k 个文化维度上分值的方差。

关于文化距离的测量，除了以上三种方法以外，还有针对不同研究主题的改进方法。如，考虑到文化的变迁，部分学者将国家建交时间也列入文化距离公式进行计算（綦建红等，2012）；由于以国家为基础的文化内部并不一致，有学者通过世界价值观调查数据，对人群数据进行聚类，形成更为具体的文化距离测量方法（Santis，Maltagliati et al.，2016）。虽然针对不同主题，测量方法得到不同程度优化。但从操作层面来看，不同文化维度会对文化距离产生不同的影响，因为研究主题不一样，如何赋予不同的权重仍没有共识，KS 指数为目前普遍接受的测量方法。

第三章　质性研究

第一节　研究目的

虽然从来源国角度来看，相关文献十分丰富，但与服务相关的来源国研究仍然较为缺乏，对于研究模型的构建，无法提供很好的理论支撑。由于服务在本质上与产品存在差异，仅从产品来源国研究中进行借鉴，并没有很强的说服力。要了解该效应受哪些因素影响，需要从第一手资料中获取相应结果。因此，本书采用了在定量研究前进行质性研究的混合研究方法。

质性研究可以被认为是"以研究者本人作为研究工具，在自然情境下采用多种资料收集方法，对社会现象进行整体性探究，主要使用归纳法分析资料和形成理论，通过与研究对象互动对其行为和意义建构获得解释性理解的一种活动"（陈向明，2000）。质性研究具有四个显著的特征，也正好符合本书研究内容及设计。一是情境特征。质性研究总是在特定情境中进行实地研究，具有情境特征。对应了营销管理研究中对情境变量的观察，事先不用控制变量，对结果的解释依赖于相关情境，可以让本书关注变量更加贴近于真实的市场情境。具体来说，满足对服务来源国效应中情境变量的理解，包括服务来源国交流产生的机制，都源于情境的描述，进而从情境中提取有效的变量进行研究。二是描述特征。质性研究具有现象描述的特征，对经历的现象进行认真细致的描述，避免被研究假设所支配，过早形成先入为主的意见，而依据观察现象及资料分析，进行有效的理论建构。虽然来源国研究文献众多，但从服务来源国来看，研究并未给予其过多关注，相对来说，文献仍较为缺乏，没有形成研究中的共识。加之服务与产品之间在生产、传递、评价中存在差异，我们不能简单地将产品来源国研究结论嫁接到服务来源国研究上。因此，应从真实的市场描述中，找到服务来源国影响的因素、产生作用的情境，然后提出相关研究假设，以保证研究整体的信度。三是整体特征。质性研究关注研究对象的整体，具有整体性、全局性特征。质性研究注重在资料的收集分析中产生假设。研究者更为关注情境整体的概念，避免由于过于关注研究细节，造成对现象机制把握的偏颇。虽然营销管理更多关注的是消费者等微观层面的评价及感受，但对于服务来源国来说，其前因包括经济、文化等层面的变量，更是一个宏观构念。从整体观念开展研究，会保证我们对服务来源国有一个更为全面的认识，不至于囿于微观，而丧失对国家形象、服务市场变化的敏锐嗅觉，造成理论与实践的脱离。四是主体特征。质性研究强调行为的主体性，具有主体性特征。研究者本人既是研究的工具，又是实践者。通过研究者的观察、访谈进行分析总结，研究者会直接参与，以观察者身份进入情境，参与研究对象的活动。通过与研究对象进行互动，理解研究对象，体会其行为意义，避免产生第三方视角，更贴近所观察的现象。从服务来源国的研究来看，服务本身的互动性要求研究者并不能完全孤立于研究之外，而需要与被研究者进行交流，了解服务过程中，来源国对其服务评价的影响及原因。

　　本书所进行的质性研究主要有两个目的：一是提炼研究假设，评估质性资料对于研究假设的支持程度，并对量化资料进行补充、证明，辅助量化研究设计；二是通过扎根性的资料收集方式，尽量突出研究情境中的整体性、复杂性及丰富性（陈向明，2000）。具体到本书中，质性研究主要有以下目的：一是确认服务领域是否存在来源国效应，并与产品领域进行比较；二是在服务领域背景下，从消费者、服务、环境等角度突出来源国效应的变化，即与产品来源国相比，来源国与服务评价间关系可能会受到哪些因素的调节；三是探讨在跨国服务背景下，来源国效应的作用解释机制等，为后续研究打下基础。为了达到研究目的，对质性研究进行了整体安排，分六步进行（如图 3 – 1 所示）。

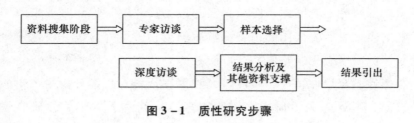

图 3 – 1　质性研究步骤

一是资料搜集阶段，主要为质性研究进行理论基础的准备，阅读文献并搜集跨国服务资料；二是专家访谈，主要通过与专家交流相关研究目的，听取建议，对前期资料进行整理，确定服务行业、访谈样本等；三是样本选择，主要按照专家意见、资料走向，确定访谈样本；四是深度访谈，对样本开展深度访谈，获取详尽的第一手资料；五是结果分析及其他资料支撑，主要对访谈内容进行整理，抽象出相关构念，并利用网站留言等资料进行印证；六是结果引出，主要通过质性研究结果分析，获得研究框架构建所需变量。

第二节　研究设计

一　数据样本

结合研究目的，通过与专家交流，并参考一些跨文化研究的做法（Patterson and Smith, 2003；Kassim and Abdullah, 2015），最终确定选取两个方面的样本。一是国外留学生样本，主要考虑留学生都有过跨国服务经历，能够很好地体现不同文化背景对于服务来源国在认识上的差异。另外，留学生样本的获取便利性也较高。二是企业驻外员工样本，主要考虑到企业驻外员工同样也有跨国服务经历，而且比学生样本具有更好的代表性。留学生访谈样本主要为湖北、湖南的两所大学的高年级国外留学生 13 人，员工访谈样本主要为某省企业有驻外经验的员工 5 人，共有 18 人参加了访谈，涉及留学生学习专业 3 个、企业员工行业 2 个。

二　研究方法

通过深度访谈可以获得丰富的资料，关注人们的想法和做法，有助于了解被访者的深层信息（Strauss and Corbin，2008；Corbin and Strauss，2008；Creswell，2008），从而得到更为全面的第一手信息，在研究中被普遍采用。研究主题是服务和来源国，两个领域涉及的内容十分丰富。为了避免访谈内容过于宽泛，导致主题不突出，编码困难，本书聚焦于服务特征、消费者特征和环境特征三类变量，其也与产品来源国文献的梳理结论较为一致。对来源国效应影响较大的因素也分为三类：产品本身的特征，包括产品类型，如功能型、享乐型等，以及由产品特征引起的卷入度等；消费者本身的特征，包括消费者知识、产品熟悉度等；环境特征，包括文化距离、语言等。因为从来源国对服务评价影响所涉及的因素来看，与产品来源国类似，因此，在服务中的来源国效应也会受到三类因素的影响。本书采用成功应用于其他营销研究之中的半结构化的深度访谈法进行研究（Dahl and Moreau，2007；Flint，Woodruff and Gardial，2002；Fournier and Mick，1999；Keaveney，1995；Noble and Mokwa，1999），让访谈始终围绕主线进行，并重点关注可能会影响来源国效应的重要变量，如服务特征、消费者特征、环境特征等内容。

访谈主要内容为：①被访者的基本情况，包括国外生活年限等；②在国内外接受服务的体验，包括愉快或不愉快的经历等；③对于来自不同国家的服务产品，被访者最关注的因素有哪些，与产品相比，进行服务评价时存在哪些差异等。访谈由 3 名经过培训的研究人员具体实施，在正式开始访谈时，研究人员首先向访谈对象介绍自己及研究目的，然后在被访者熟悉的场景中进行开放式访谈，并通过前期已准备好的提纲进行引导。每次访谈 30—45 分钟，访谈者在对访谈内容进行详细记录的同时，要关注访谈对象的情感及行为变化（陈向明，2000）。

第三节　研究结论

访谈结束后，研究人员运用类属分析方法对相关资料进行分析整理（陈向明，2000）。研究人员在资料中寻找反复出现的现象以及可以用来解释这些现象的重要概念。在这个过程中，具有相同属性的资料被归入同一类别，并且以一定名称予以表示。具体在本书中，重点关注了服务行业、服务类型、服务特征、服务评价、文化差异等关键信息，并在整理过程中进行编码，将其与相关变量进行对应，形成初步的理论框架。由于访谈过程涉及留学生，在访谈前期准备过程中，我们邀请湖北高校外语专业教师对相关访谈提纲进行了双向翻译，并请相关营销专家对访谈提纲进行了调整。同时，对访谈人员进行了交流方面的培训，但为了减少由于访谈人员带来的偏差，并没有向访谈人员完全透露研究目的。编码过程如图 3-2 所示。

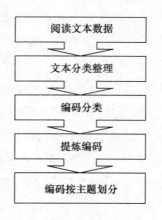

图 3-2　编码过程

资料来源：Shroff、Vogel 等（2007）。

最终从访谈记录来看，相对于产品领域，来源国效应在服务领域会更加突出。访谈对象谈及国外经历时，最难选择的大多是服务类，在选择服务时，更愿意选择与母国文化类似或经济发展国家的服务，甚至购买相关产品去替代服务。对于产品选择，消费者更可能会接受一些来源国形象相对较差的产品，可能会有价格、进入时间等方面的考虑，但从访谈内容来看，产品中的来源国效应相对较小。从服务与产品的差别角度考虑，相对于产品，服务更难以标准化，对于没有实体支撑、需要亲身参与的服务，消费者购前评估困难，选择也更加谨慎。在此情况下，来源国作为质量判断的一种线索，会对消费者产生更大的影响。

访谈记录摘要

国外的私人银行很多，有些规模、门店都很小，虽然很方便，但一般还是不太敢去存钱。

初到国外，第一次的理发经历很难忘，在门口看了半天，很犹豫，后来去了几次，与理发师交流后，就慢慢放松了。

回国后，吃饭、逛街等生活方面都更为习惯，人都感到亲切。

虽然在国外生活了快5年，但对于老外的生活方式还是难以接受，更愿意跟华人交流。

对中国的文化不太了解，总觉得有些东方神秘的成分，有些事想去体验，但又很担心出现尴尬。

企业国际化业务开展的速度很快，我在欧洲、非洲都有驻外的经历。可能是由于接触、了解较多的原因，在欧洲相对来说适应更快，在非洲很多事情还是无法接受，特别是一些人对金钱、时间的看法，与我们的教育相距很远。

在没到国外之前，想象美国要比国内发达很多，但去了以后，几个月的新鲜感一过，发现生活也并不比家里方便，很多方面都比家里落后，还特别贵。

对于服务来源国效应的调节因素，大致有三类：一是从服务产品本身属性来看，服务的无形性和互动性等特征会较大程度地影响来源国效应（Berentzen，Backhaus et al.，2008）。结论也与跨国服务文献中的观点一致，即与消费者关系密切，对贸易业绩影响较大的服务特征也包括无形性和互动性（La，Patterson et al.，2005）。无形性是指服务的生产和消费没有实体可供参考，即产品或服务能够被形象化或在购买前提供一个清晰、具体形象的程度。包括物理因素，如服务中的场景设置、可触摸性等；心理因素，即在购买前能否让消费者形成清晰的服务印象。互动性是指服务提供者与消费者间进行直接交流与互动的水平，包括相互间的合作程度和信息交流水平。无形性和互动性是服务质量信息线索载体，会影响到消费者对于来源国等外部线索的使用。无形性的提升意味着消费者从场景、流程标准中得到信息线索的难度增加。而互动性的增加代表着消费者将可能从服务人员态度、专业水平和接触过程中获得更为丰富的信息线索，二者会导致消费者进行服务质量判断所需的信息及处理能力的变化。在一定的服务背景下，还会改变消费者处理信息的意向程度。同时，还可能会引起消费者感知风险（Pecotich，Pressley et al.，1996）、信任（Michaelis，Woisetschläger et al.，2008）等方面的变化。

服务与产品在无形性、互动性等特征上的差异，造成了消费者在服务消费和评价时也有较大的不同，也导致了服务来源国在作用机制上的特殊性。在服务消费过程中，服务无法触摸，消费者需要参与其中，通过双方不断互动来获得更好的服务体验。在服务评价时，场景、流程等有形因素会影响到消费者对于服务的感知。从服务的过程性来看，服务评价也会更多地考虑互动质量的成分。服务特征决定了服务来源国与产品来源国的差异，从服务特征入手进行研究，会为深入了解服务来源国作用机制打下基础。而且从现有来源国文献来看，对来源国效应产生调节作用的主要是来自引起消费者处理信息的能力或动机变化的因素（MacInnis，Moorman et al.，

1991），如很多产品特征都会对产品来源国效应起到调节作用。与产品特征一样，服务特征也会直接导致上述能力或动机发生改变。

二是从消费者特质来看，消费者知识会较大程度地影响来源国效应。消费者知识是指消费者对服务或产品的了解，其在产品来源国研究中，也是重要的研究变量。由于消费者知识有助于消费者进行产品质量评价，因此会较少利用来源国等外部线索，一般认为其会负面调节产品来源国效应（Schaefer，1997）。从服务背景来看，服务无形性会增强消费者的风险感知，消费者知识对于服务评价的影响会更大。虽然在以往产品来源国的研究中已对消费者知识的作用给予了充分肯定，但在服务过程中消费者知识的作用可能会完全不一样。消费者知识负面调节产品来源国效应的机制，其解释逻辑是消费者知识对外部线索的判断具有代替作用，即在相对较高的消费者知识情况下，消费者会较为依赖来源国等外部线索判断。但由于服务更强调历史传承、互动，并且难以标准化，服务中起到重要作用的可能是消费者知识中的主观部分，主观知识对于服务评价的作用可能会从代替而变为强调，因此其作用的方向和机制都会发生改变。

三是从环境特征来看，文化距离会影响到消费者对于跨国服务的评价。文化距离是指消费者文化背景与来源国文化间的差异程度（Ng，Lee et al.，2007）。由于消费者更偏好于源于文化距离较小国家的产品，一般认为其会正面调节产品来源国效应（Balabanis and Diamantopoulos，2004）。文化距离会调节产品来源国效应（Morosini，Shane et al.，1998），服务中包含着较多的文化因素，因此文化距离的大小也会对服务评价产生直接影响。

那么，服务特征是否也会引起来源国效应作用大小或方向的变化呢？从服务本身来看，服务的无形性和互动性不仅决定了服务与产品的差别，也决定了不同服务行业的差异。了解服务特征的调节作用，会突出服务来源国的特点，也有助于了解不同服务行业所受服务来源国影响的大小。而关于消费者知识及文化距离作用的研究，也有助于理解来源国效应中消费者特征、环境特征的影响。

第四章 研究框架与假设提出

第一节 研究框架

　　本书重点关注服务来源国对感知服务质量的影响，并通过对服务特征、消费者特征、环境特征对以上关系的调节作用的讨论，了解在不同服务特征背景下，服务来源国对感知服务质量影响的大小。一方面可拓展产品来源国相关研究的结论；另一方面也可为服务企业跨国经营提供参考。通过文献梳理，提出研究框架（如图4-1所示）。

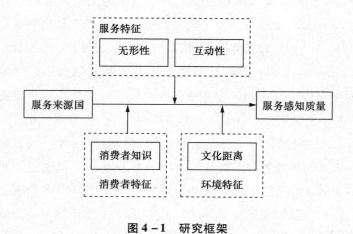

图 4-1 研究框架

第二节　假设提出

一　来源国与感知服务质量

　　虽然鲜有文章具体提及服务来源国与感知服务质量间的关系，但从跨国服务比较及产品来源国文献来看，也有一些相关的内容，认为服务来源国会影响到消费者对于服务的评价。以银行和航空为背景的研究认为，国家经济发展水平会强化服务来源国消费者质量评价间的关系（Pecotich, Pressley et al. , 1996），消费者对于来自经济发达国家的服务，会有更高的服务购买倾向（Berentzen, Back-haus et al. , 2008）。以零售业为背景的研究表明，消费者认为来自德国的企业会提供相对更好的产品和服务，而来自墨西哥的企业会提供低价的产品和服务（Lascu and Giese, 1995）。消费者会认为来自经济欠发达国家的产品和服务存在更高的风险（Cordell, 1993）。由于服务有更多的体验质量成分和经验属性（Nelson, 1974），当消费者缺少服务内在的质量判断线索时，将会更加依赖于服务来源国等外在线索，因此，来源国线索对于服务评价的影响会大于对产品的影响（Berentzen, Backhaus et al. , 2008）。从服务与产品的不同特征来看，无形性会增加感知风险，易逝性会导致当有超额需求时产生质量问题，异质性导致服务质量一致性难保证，不可分离性会要求对供需进行更好的管理（Zeithaml, Bitner et al. , 2006），总体来说，服务会有更高的感知风险。同时，进行服务评价时，可获得的可靠信息相对较少，从他人体验中所获得的反馈也较为有限（Coulter and Coulter, 2003），而来源国被认为是一种降低感知风险的手段（Cordell, 1992），因此，消费者会更依赖于来源国、品牌等外在线索（Berentzen, Backhaus et al. , 2008），并且，对一些体验服务来说，好的来源国本身就是体验质量的一部分。综上，本书提出以下假设：

H1 相对于差的服务来源国，好的服务来源国会产生较高的感知服务质量。

根据质性研究结论，本书选择了服务特征、消费者特征、环境特征三类调节变量进行研究。从来源国效应的角度来看，三者实际代表了来源国效应的三种最重要的影响因素。从过去产品来源国文献来看，产品特征、消费者特征、环境特征也是其调节变量中较为重要的因素（Verlegh and Steenkamp，1999）；本书将产品替代为服务，突出其差异，进而凸显来源国在服务领域中的差异之处（张辉、汪涛等，2011）；从企业跨国战略的实现来看，三者也是企业进入或维持相关国家市场亟须考虑的因素（La，Patterson et al.，2005）。因此，选择以上三类因素作为调节变量进行研究，以期得到服务来源国效应较为系统的理解，也为今后该领域的深入研究打下了基础。

二 服务特征、来源国与感知服务质量

在本书中，服务特征仅研究了无形性、互动性两种，主要基于以下三方面原因：第一，无形性、互动性是最基本的服务特征。服务的特征包括无形性、不可分离性、异质性、易逝性，其中不可分离性在跨国服务中体现为互动性，正是因为服务需要互动，服务才不可分离。异质性说明了服务中的质量标准难以确定，而无形性是其来源之一，互动性也是造成服务会随着员工、顾客的不同而产生差异的主要原因之一。易逝性突出了服务不可保存的特征，由于服务的无形性，造成了服务没有实体支撑，不能形成有形物，而且互动只有员工、顾客二者参与时才会产生，因此，无形性、互动性是最基本的服务特征。第二，从跨国服务贸易的相关文献来看，其中影响最为突出的特征就是无形性、互动性，二者甚至决定了不同跨国服务的类型。第三，从质性研究结果来看，无形性、互动性是对大多数被试进行服务的重要因素。

从来源国作为一种外部线索来看，服务无形性实际上体现了服务的搜索属性和信任属性的变化（Darby and Karni，1973）。服务无形性提升，意味着服务的搜索属性增加，信任属性更加重要，消费者会更多依赖于服务来源国进行服务质量的判断。从感知风险的角度来看，无形性会导致消费者在进行服务质量判断时的困难增加，感知风险提升。而相对于风险水平较高的服务而言，服务来源国对风险水平较低的服务影响相对也要低一些（Michaelis, Woisetschläger et al.，2008）。因此，本书认为在无形性程度提升或下降的情况下，服务来源国与感知服务质量间的影响会增加或减少。

从互动性来看，其体现了服务中服务提供者与消费者的互动交流程度。来源国作为消费者对特定国家的一种刻板印象（Ryan and Deci，2000），高互动程度也会让消费者有更多的机会去了解来源国形象，认识会更加客观（Clark and Kashima，2003）。特别是对长期形成的关于某些国家的偏见，会产生一定的削弱作用（Lotz and Hu, 2001；Jong Woo，Hyung Seok et al.，2009）。在不断互动的同时，服务提供者与消费者间会出现更多的信息交换，消费者会从服务提供者的交谈、态度、专业水平、合作行为等方面获得更多的服务质量判断信息，消费者使用服务来源国线索的可能性将会下降。因此，本书提出以下假设：

H2 服务无形性程度会强化服务来源国与感知服务质量间的关系。

H3 服务互动性程度会弱化服务来源国与感知服务质量间的关系。

三 消费者知识、来源国与感知服务质量

在以往的产品来源国的研究中，消费者特征是较为重要的一类调节变量。其中，消费者知识是探讨最多的变量之一。由于来源国为外部线索，消费者知识也会影响消费者对线索的处理。由于服务的无形性和异质性，消费者知识对于消费者对质量评价的影响会更大，前期质性研究也认为，消费者知识会影响到消费者对来源国线索的处理。因此，在消费者特征层面，选择消费者知识作为研究

变量。

自 20 世纪 80 年代开始，消费者知识就被引入营销研究中，逐渐成为消费者行为研究领域中重要的研究构念，并且被广泛研究。消费者知识是消费者为解决特定消费问题而在选择产品时可以依据的相关知识（Mitchell and Dacin，1996）。消费者知识包括两个维度，即消费者的熟悉度、消费者专业程度。前者是指消费者对消费者经验的积累，后者是指进行消费或产品服务评估时，储存在记忆中与消费有关的信息（Philippe and Ngobo，1999）。消费者知识会对产品信息搜集和处理活动产生影响，并最终影响消费者购买和使用产品（Alba and Hutchinson，1987），低知识度的消费者与高知识度的消费者的消费行为存在很大的差异。消费者知识程度的高低会影响到消费者决策过程的每一个环节，同时也将影响到消费者的使用意愿（Hill and Hannafin，1996）。消费者知识是消费者行为中的一个重要因素（Brucks，1985），会影响到消费者决策框架（Moorman，Diehl et al.，2004），并会对信息过程产生影响（Alba and Hutchinson，1987）。

大多数关于产品来源国的研究认为，消费者知识对于来源国效应具有负向调节作用（Schaefer，1997）。其作用机制为，高消费者知识会使消费者较少地通过来源国标签进行质量判断，而更多地利用自身知识，通过产品属性进行评价。但一直以来，关于消费者知识的调节作用都存在着不同的观点，部分文献认为消费者知识的调节作用并不显著，甚至认为知识的调节方向并不一致（Schaefer，1997；Liefeld，2004；Lee and Lee，2009）。导致分歧出现的原因主要有两点：一是在消费者知识测量的过程中，操作定义并不一致；二是消费者知识分为客观知识和主观知识两类（Brucks，1985），二者的作用并不一致，但在研究中没有突出说明。消费者客观知识代表了产品或服务的具体属性信息，其决定着消费者记忆中的真实知识，依靠的是产品服务类型的信息储存；而主观知识是消费者自我感觉其对产品或服务的了解程度，是一种自我判断，更加依靠产品或服务的相关体验（Park，Mothersbaugh and Feick，1994）。客观知识可以替代来源国等外部线索，对产品来源国更多起到负面调节作用。主观知识的使用更依赖于对过去经验的总结，而不是仅仅依靠客观知识的使用，去积极地分析和寻找新信息（Park，Mothersbaugh and Feick，1994；Rudell，1979）。主观知识仅是个人判断，依靠过去的体验也会产生，因此会形成概构效应，会更加依赖于来源国等外部线索。特别是在服务无形性更强、本身质量难以判断的情况下，主观知识对质量判断的影响将会增大。从感知风险的角度来看，由于服务具有无形性、异质性等特征，相对于产品而言，服务的感知风险会相对高一些。而感知风险的程度会影响到消费者选择处理风险的方式（Dowling and Staelin，1994），为了降低服务购买风险，消费者也会通过经验，尽量通过更容易判断质量的线索去规避风险（Ward and Lee，2000），也更有可能使用来源国线索进行判断。在消费者知识对信息搜寻的影响方面，对于不确定性较高的服务，消费者会努力找寻信息，以达到处理质量评价的阈值（Grant and Tybout，2008；Tiedens and Linton，2001），即相对于高消费者知识，低消费者知识会让消费者增加对信息的外部搜索，提升搜索量（Punj and Staelin，1983；Johnson and Russo，1984）。从信息线索处理的角度来看，低消费者知识也可能减少消费者对来源国信息的依赖。因此，本书提出以下假设：

H4　消费者知识会强化服务来源国与感知服务质量间的关系。

四　文化距离、来源国与感知服务质量

从环境特征来看，跨国服务受环境制约较大，如服务迁移性、互动性等都与环境因素有关。但作为建构在服务提供者与顾客互动基础上的服务，受实体环境的影响相对较小，实体环境对于跨国服务企业来说也更容易提高。而跨国文化差异会影响到企业的方方面面，从企业选址、品牌名称到服务流程等环节，对跨国服务的提供影响更大。与企业海外市场进入相关的研究文献认为，文化距离会影响到企业海外市场进入的区位、绩效、模式和路径等因素（Kogu and Singh，1988）。从质性研究来看，文化的差异是被试是否会尝试服务的关键因素之一。从产品来源国研究来看，文化距离也一直作为重要的研究变量而被探讨。因此，本书选择文化距离作为研究变量。

文化距离（Cultural Distance）最初提出源于跨文化适应问题，认为其是旅居者体验到压力与适应问题的调节变量（Babiker，Cox et al.，1980）。可以按照社会文化特征，将文化划分为一个连续体。例如，美国和加拿大在文化上十分相似，文化距离较小，而美国与日本的文化距离就相对较大。当生活变化给人带来压力时，当地文化与母文化的差异会决定压力的大小。文化距离的假说认为，旅居者的文化与居住国的文化距离越大，其对跨文化的适应就越困难。随着各国开放程度的提高，文化距离在国际交往中的作用越来越突出，该构念也被引入国际商业、教育、移民、投资等各种领域研究之中（Shenkar，2001；Tihanyi，Griffith et al.，2005；郑长娟，2005；Galchenko and Van De Vijver，2007；Suanet and Van De Vijver，2009）。

从消费者层面来看，文化距离通常被认为是基于国家层面文化差异的客观体现指数（Kogut and Singh，1988）。消费者母国的背景与目标国间的文化差异，即为其与相关国家的文化距离。

来源国研究通常与跨国贸易相关，会涉及多个国家的产品和消费者，文化相关的变量一直都是关注的焦点之一。产品来源国的文献认为消费者较为偏好来自文化距离小的国家的产品（Heslop，Papadopoulos et al.，1998），来源国与消费者文化背景间的相似性甚至会提升民族中心主义对来源国效应的影响（Sharma，Shimp et al.，1995）。以美国和日本消费者为样本的研究认为，消费者会更偏好来自本国的山地车，而其中的机制就在于文化心理原则，个人主义与集体主义的倾向影响了消费者对质量的评价（Gürhan - Canli and Maheswaran，2000）。通过网络对涉及中国、美国、印度、英国四国的 1568 名消费者进行研究后认为，文化中的其他维度，如长期与短期导向、权力距离、男性与女性气概等，也会影响到消费者的评价（Sharma，2011），文化上的差距过大会降低消费者对产品的评价。利用服务差距理论研究旅游服务质量的文献认为，文化距离与旅游体验中的高交易成本相关，是低质量评价的来源（Weiermair and Fuchs，2000）。相对于产品，服务中员工与消费者、消费者与消费者间的互动交流更多。由于文化因素是互动交流的基础，文化因素会增进或阻碍互动交流的流畅程度，文化距离的大小会直接决定交流互动的成败，加之服务可被理解为一种互动过程，因此，文化对于服务评价的影响会相对突出。从服务作为一种关系建立的过程来看，消费者也更倾向于与自己文化相同的人们建立关系（Lazarsfeld and Merton，1954）。服务还包含了很多的历史传承、文化成分，以及许多文化适应的因素（Berentzen，Backhaus et al.，2008），只有在文化距离相对较小的情况下，才能更好地理解服务的质量，提升服务的评价。因此，本书提出以下假设：

H5 文化距离会强化服务来源国与感知服务质量间的关系。

本书仅对三类调节变量进行了单独的假设，没有对调节变量间的交互进行假设，主要是由于本书认为三类因素并不是处于一个层面上的变量。虽然服务、消费者、环境三者的特征之间存在联系，如服务的无形性会影响到消费者知识的运用，但本书认为其并不是主要的混淆变量，而且在目前研究的基础之上，将三类变量单独进行验证能够更清晰地说明来源国对服务的影响。因此，本书仅对服务特征的两种变量进行了三阶交互的检验。

第五章　实验研究

结合研究目的，本书采用来源国研究领域经常采用的情境实验和问卷形式进行研究。整个研究包括两个部分，即预实验和正式实验。预实验的主要目的在于确定正式实验中所用服务来源国家，测试正式实验情境的效度。本书所用量表均使用了过去文献中的成熟量表，为了确保量表能让本书被试更易理解和把握，笔者进行了一定的整理，确保达到一定的信度和效度水平。采用"双向翻译"的做法，先将量表译成中文，然后聘请英语专业的研究生再将其翻译成英文，通过语意反复对比和推敲，减少语义的损失量，保证量表的使用顺畅，并形成量表初稿。完成初稿后，又根据量表制作要求对量表进行预实验，并对量表进行评估。

第一节　预实验

预实验的主要目的是为正式实验打下基础，选择适合的实验情境和来源国样本。选择银行服务作为实验背景，主要是出于以下考虑：一是银行在跨国服务中具有很好的代表性，在过去相关研究中使用较多（Berentzen，Backhaus et al.，2008）；二是银行在经济社会生活中的地位十分重要，在日常生活中也很常见，被试都会有一定了解；三是目前有很多来自不同国家的银行，在国内开展金融业务，也是实际存在的情境。

一 来源国样本选择

对于服务来源国的选择，我们通过中国银行业监督管理委员会网站查询，了解到目前已有美国、加拿大、法国、瑞士、德国、英国、比利时、荷兰、日本、韩国、泰国等多个国家的银行在中国内地开展金融业务。我们采用问卷调查的方式，通过确认消费者对于相关国家提供服务的感知质量差别，进而得到具有好或差服务来源国的样本。由于正式实验采用中国被试，为避免在跨国服务及来源国研究中经常出现的民族中心主义等偏差（Thelen et al.，2009），没有选择中国银行参与测试。同时，为减少被调查者的负担，又不失国家样本的代表性，在进行调查时，按照洲际不同，选择了美国、加拿大、法国、瑞士、韩国、泰国的银行进行了调查。

调查问卷设计利用服务质量相关问项，了解消费者对不同国家的总体服务感知差异。测量消费者感知服务质量利用 SERVQUAL 结构的优化形式进行（Parasuraman，Zeithaml et al.，1988）。SERVQUAL 量表使用较多的是包括五个维度的形式，即可靠性、响应性、保证性、移情性和有形性。但在跨文化或跨国服务研究中，利用服务的十个维度，即可靠性、可接近性、了解顾客、响应性、能力、礼节、交流、可信性、安全性、无形性，能更好地理解和解释消费者对于服务的感知（Malhotra，Ulgado et al.，2005）。为此，我们根据过去研究中使用过的十维度 SERVQUAL 量表，通过双向翻译，提出以下问题对服务来源国进行评估（Thelen，Jr. et al.，2010）。

（1）来自某国的服务提供者很可靠。

（2）来自某国的服务提供者很有帮助。

（3）提供个人信息给来自某国的服务提供者是安全的。

（4）可以相信来自某国的服务提供者告知的内容。

（5）来自某国的服务提供者很有礼貌。

（6）来自某国的服务提供者很了解其服务。

（7）来自某国的服务提供者会了解消费者的具体需求。

（8）来自某国的服务提供者会很好地使用现代科技。

（9）很容易与来自某国的服务提供者进行沟通。

（10）来自某国的服务提供者很有能力。

调查使用了7级量表进行测量，其中，1表示低，7表示高。在湖北、湖南两省某些地区，通过街头拦访的形式完成调查。共有201位被访者完成了问卷，共获得有效问卷189份。被访者中，男性占比为47%，女性占比为53%，年龄为18—56岁，均值为37.2岁，74%有全职工作，8%有兼职工作，18%无工作。

将以上十题得分的均值，作为消费者对于来源国服务的总体感知质量得分，后通过SPSS16.0软件进行国家之间的得分差异的t值比较。

从表5-1可知，美国服务的感知质量最高，而泰国服务的感知质量最低。从得分差异的显著性来看，可以得到多种服务来源国样本的组合。由于本书研究的具体背景为银行业，考虑到瑞士不仅在调查中的总体得分较高，而且中国消费者对于瑞士金融业的认可度也非常高，因此，在正式实验中确定利用瑞士和泰国作为相关服务来源国的样本开展研究。

表5-1　　　　　　　　消费者感知服务质量差异

国家	美国	加拿大	法国	瑞士	韩国	泰国	总体服务质量
美国	0.00						5.49
加拿大	6.88*	0.00					4.96
法国	6.12*	1.49	0.00				5.08
瑞士	1.95	5.73*	5.11*	0.00			5.36
韩国	21.25*	12.34*	16.00*	20.77*	0.00		3.99
泰国	25.82*	14.00*	15.76*	19.01*	2.47*	0.00	3.79

注：* 表示 $p \leqslant 0.05$。

二　实验情境选择

首先，让被试认真阅读实验情境描述，然后通过 5 级量表进行测量，比较两组的差异。在具体情境出现前，借用了真实金融新闻中的内容，利用新闻报道的形式进行导入，增加情境的可信性。新闻中主要描述某银行进入中国的情况、业务涉及的范围和近年来的经营状况，具体如下：

某国 ACL 银行中国有限公司于 2007 年 8 月 1 日正式成立，总部设在上海。自 1925 年在厦门设立第一家分行起，ACL 银行一直保持在中国的持续经营。该银行的注册资本为人民币 35 亿元，目前聘有超过 700 名员工。除了上海总部，ACL 银行还在北京、厦门、天津、成都、广州、重庆、武汉和青岛共设有 16 家分支行。截至目前，ACL 银行个人银行部位于上海的总部，以及成都的支行都已获得银监会批准经营全面人民币业务的许可。随着人民币业务的开展，已经推出针对个人客户的人民币产品和服务，包括人民币外币活期存款及定期存款、人民币 1 天及 7 天通知存款、人民币以及外币的结构性理财产品、个人房贷、银行保险、外汇买卖、网上银行、借记卡及周末银行等产品与服务。ACL 银行对公业务利用覆盖全球网络，特别是亚洲地区的网点优势，为所有企业客户，包括中国本土企业、三资企业及台资企业，提供存贷款、企业融资、现金管理、国际结算、投资理财和跨境贸易人民币结算等金融服务，并开通了企业网上银行。

为了避免服务流程中涉及太多影响因素，在情境设计中没有采用对于银行总体业务的描述，而是聚焦于银行常见的具体业务（如表 5-2 所示）。

表 5 – 2 实验情境

	无形性（汇款）	互动性（理财）
高	由于网上购物需要对公汇款给企业，你就近来到 ACL 银行网点，网点大厅整洁，装修气派。大厅中显眼位置呈现了办理各种业务的流程，利用流程图的方式，每一步介绍都十分清晰。简要了解后，直接到服务窗口办理。其间，所有手续都有相应指引。办理完后，被告知，对方账户已收到相应汇款，并得到了完整业务回执	由于最近股市不太景气，你想将投资转到 ACL 银行的理财项目。按照与理财经理的预约，你来到 ACL 银行。问明办理事项后，被大堂经理引入理财部，其他理财经理都已在与客户交流。找到预约经理后，你就自己对收益的要求、资金情况等向其进行详细介绍，理财经理针对相关问题与你进行沟通，并针对你自身情况给出了建议，让你考虑后再联系。出门时，银行工作人员又交给你一些理财项目资料
低	由于网上购物需要对公汇款给企业，你输入用户名、密码，登录到 ACL 银行网站，网页设计简单全面，包括各种业务栏目。在主页的二级目录中找到对公汇款目录，通过反复查看网站帮助文档，按要求输入信息和安装软件后，办理完成。网页弹出对话框，相关回执可查看账户信息概览	由于最近股市不太景气，你想将投资转到 ACL 银行的理财项目。你来到 ACL 银行自助理财室，首先查看了一些理财项目的介绍，主要是一些收益率、投资周期内容。将自己对收益的要求、资金情况等输入后，屏幕不断弹出内容，进行交互操作，最后给出了相关建议，并将相关理财项目资料发送至你的邮箱

第二节　实验一

一　研究设计

1. 实验设计与被试

实验采用 2（服务来源国：瑞士、泰国）×2（无形性：高、低）组间设计。因变量为感知服务质量。共有来自湖北、湖南的两所大学的 95 名 MBA 学生自愿参加测试，随机分为 4 组，其中，男性占比为 66%，女性占比为 34%，年龄为 26—41 岁，均值为 32 岁。研究采用情境模拟的方式进行，首先让被试阅读一则关于某国外资银行进入中国发展情况的新闻，接着以第一人称形式导入一段汇款业务的情境。服务来源国用瑞士、泰国进行实验操纵，两段情境描述中仅有国家的名称不一致，其他全部一样。品牌为虚拟银行名称 ACL。利用无形性中的物理和心理影响因素，进行无形性高低的操纵，包括银行大厅陈设等场景和业务流程的描述。然后，依次进行无形性、感知服务质量量表的填写。量表采用 5 级量表，1 代表低，5 代表高。

2. 控制检验

通过预实验，服务来源国选择瑞士与泰国具有较高可信度。无形性测量使用 McDougall G. H. G. 和 D. W. Snetsinger（1990）提出量表中的五个测项。结果显示，两组被试在无形性上的得分具有显著差异（$M_{高} = 3.74 > M_{低} = 2.91$，$t = 4.33$，$p < 0.05$）。参照国外相关来源国文献做法，在实验情境中采用了虚拟银行名称（Berentzen, Backhaus et al.，2008），并由于在情境中采用了虚拟的 ACL 银行为研究背景，在问卷中对于被试对品牌的熟悉度进了检验，故结果显示有 92.3% 的被试没有听说过 ACL 银行。为排除银行服务情境中，消费者知识、感知风险等因素对被试造成的影响，本书采用 Flynn Leisa R. 和 Ronald E. Goldsmith（1999）提出的消费者知识量表（$\alpha = 0.85$），Sweeney J. C.、G. N. Soutar 和 L. W. Johnson（1990）提出的消费者感知风险量表（$\alpha = 0.81$）对被试进行了测试。从服务来源国好差两组的比较结果来看，消费者知识得分（$M_{瑞士} = 3.48 < M_{泰国} = 3.56$，$t = 0.59$，$p = 0.85$）和消费者感知风险得分（$M_{瑞士} = 2.58 < M_{泰国} = 3.06$，$t = 3.17$，$p = 0.87$）都没有呈现出显著差异。对样本年龄均值（$M_{高} = 2.58 < M_{低} = 3.06$，$t = 3.17$，$p = 0.87$）和性别（$M_{男} = 2.58 < M_{女} = 3.06$，$t = 3.17$，$p = 0.87$）都进行了独立样本 T 检验，两组间没有显著差异。

二 数据分析

通过对服务来源国和无形性进行双因素方差分析，结果显示服务来源国的主效应显著 $[F(1, 87) = 29.5, p < 0.05]$，具体结果如表 5-3 所示，表明服务来源国会显著影响感知服务质量，支持 H1。

表 5-3　　　　　　　　实验一统计结果 （M/SD）

因变量	无形性	服务来源国	
		高 （N = 46）	低 （N = 45）
感知服务质量	高	3.89 （1.08）	2.37 （1.11）
	低	4.09 （0.93）	3.39 （1.31）

服务来源国与无形性对感知服务质量的交互作用显著 $[F(1, 87) = 4.01, p < 0.05]$。交互作用如图 5-1 所示，表明服务来源国与无形性会同时影响感知服务质量，支持 H2，即在无形性高的情况下，服务来源国与感知服务质量间的关系将更强；在无形性低的情况下，服务来源国与感知服务质量间的关系将变弱。

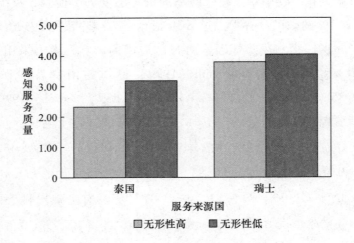

图 5-1　服务来源国与无形性的交互作用

三　结果讨论

从实验结果来看，服务来源国显著影响了感知服务质量的评价。被试对瑞士银行的感知服务质量明显高于对泰国银行的感知服务质量，支持了过去文献认为消费者对发达国家服务会有更高评价的结论（Berentzen，Backhaus et al.，2008），也支持了在服务领域存在来源国效应的观点。无形性对服务来源国效应的调节作用明显，会强化主效应。在高无形性的情况下，瑞士银行的感知服务质量评价提升更快。尽管服务与产品在特征上存在很多差异，但对其的质量评价都要依靠信息来判断。来源国作为一种外部线索，当缺少内部线索时，消费者会更加倾向于从来源国的好或差来判断质量。从无形性包括实体陈设和心理感受两个部分来看，服务场景的实体陈设不仅使消费者能够更好地接受服务环境，也体现了服务提供者的实力等因素会涉及质量判断信息的传递；心理感受的主要目的是让消费者了解服务流程，服务流程越明确，消费者的判断依据也将越多。当这些质量信息增多时，服务来源国对于消费者质量评价的影响就会减小。

第三节　实验二

一　研究设计

在跨国服务中，对于服务绩效影响最大的因素不仅有无形性，还有互动性，二者会从不同维度上确定服务类型。实验二的主要目的是了解互动性对于服务来源国效应的调节作用，并探讨无形性与互动性同时对服务来源国效应影响的情况。

1. 实验设计与被试

实验采用 2（服务来源国：瑞士、泰国）×2（无形性：高、低）×2（互动性：高、低）组间设计。因变量为感知服务质量。共有来自湖北、湖南的两所大学的 192 名 MBA 及其他专业研究生自愿参加测试，随机将其分为 8 组，其中，男性占比为 61%，女性占比为 39%，年龄为 22—39 岁，均值为 25 岁。研究采用情境模拟的方法进行，首先让被试阅读一则关于某国外资金融机构发展情况的新闻，接着以第一人称形式导入一段理财业务的情境。服务来源国仍选用瑞士、泰国，两段情境描述中仅有国家的名称不一致，其他全部一样。品牌仍为虚拟银行名称 ACL。无形性的操纵与实验一类似，互动性的操纵主要体现服务提供者与消费者之间的信息沟通、合作行为等因素。然后，依次进行无形性、互动性、感知服务质量量表的填写。量表采用 5 级量表，1 代表低，5 代表高。

2. 控制检验

与实验一类似，结果显示，两组被试在无形性和互动性上的得分具有显著差异（$M_{高} = 3.38 > M_{低} = 3.06$，$t = 3.68$，$p < 0.05$；$M_{高} = 3.45 > M_{低} = 2.79$，$t = 7.00$，$p < 0.05$）。在问卷中对于被试对品牌的熟悉度进了检验，结果显示有 91.6% 的被试没有听说过 ACL 银行。从服务来源国好差两组的比较结果来看，消费者知识得分（$M_{瑞士} = 2.41 > M_{泰国} = 2.15$，$t = 3.06$，$p = 0.48$）和消费者感知风险得分（$M_{瑞士} = 2.90 < M_{泰国} = 3.20$，$t = 3.95$，$p = 0.43$）都没有呈现出显著差异。对样本年龄均值（$M_{高} = 2.58 < M_{低} = 3.06$，$t = 3.17$，$p = 0.87$）和性别（$M_{男} = 2.58 < M_{女} = 3.06$，$t = 3.17$，$p = 0.87$）都进行了独立样本 T 检验，两组间没有呈现出显著差异。

二 数据分析

通过对服务来源国和无形性、互动性进行多因素方差分析，结果显示服务来源国的主效应显著 [$F(1, 182) = 20.7$，$p < 0.05$]，表明服务来源国会显著影响感知服务质量，也支持了 H1。服务来源国与无形性对感知服务质量的交互作用显著 [$F(1, 182) = 4.12$，$p < 0.05$]，交互作用如图 5 - 2 所示，表明在互动性存在差异的时候，服务来源国与无形性会同时影响感知服务质量，支持 H2。服务来源国与互动性对感知服务质量的交互作用显著 [$F(1, 182) = 12.99$，$p < 0.05$]，但作用方向与无形性的调节作用相反，其交互

作用如图 5-3 所示，表明服务来源国与互动性会同时影响感知服务质量，支持 H3，即互动性高的情况下，服务来源国与感知服务质量间的关系将变弱；在互动性低的情况下，服务来源国与感知服务质量间的关系将变强。

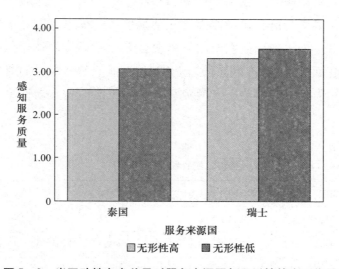

图 5-2　当互动性存在差异时服务来源国与无形性的交互作用

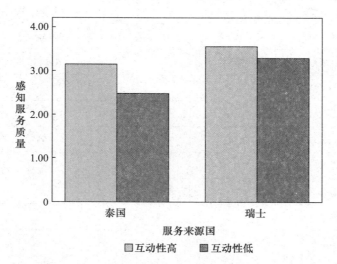

图 5-3　服务来源国与互动性的交互作用

三 结果讨论

从服务来源国、无形性和互动性对感知服务质量的三阶交互作用来看（如表 5 - 4 所示），结果表明三者会同时影响感知服务质量 $[F(1, 182) = 18.55, p < 0.05]$。从无形性与互动性高低的四个组合的交互作用来看，在无形性低和互动性高的情况下，服务来源国效应非常显著；而在无形性高和互动性低的情况下，服务来源国效应不显著；即二者可能在对服务来源国效应有同方向作用时，会相互增强，而有反方向作用时，会出现相互抵消的情况。同时，也不能排除二者间存在一些交叉的成分，存在无形性与互动性出现相关的可能。

表 5 - 4　　　　　　　　实验二统计结果 （M／SD）

来源	Ⅲ类平方和	自由度	均方	F 值	显著水平
正确模型	40. 03	7	5. 72	43. 56	0. 00
常数项	1840. 37	1	1840. 37	14017. 87	0. 00
来源国（COO）	17. 10	1	17. 10	130. 31	0. 00
无形性（IN1）	5. 44	1	5. 44	41. 50	0. 00
互动性（IN2）	10. 57	1	10. 57	80. 55	0. 00
COOS × IN1	0. 54	1	0. 54	4. 12	0. 04
COOS × IN2	1. 70	1	1. 70	12. 99	0. 00
IN1 × IN2	2. 04	1	2. 04	15. 54	0. 00
COOS × IN1 × IN2	2. 43	1	2. 43	18. 51	0. 00
误差	23. 89	182	0. 13		
总体	1923. 88	190			
正确总体	63. 93	189			
$R^2 = 0.62$（调整 $R^2 = 0.61$）					

第四节　实验三

在前面两个实验中，消费者知识都是作为控制变量出现的，但消费者知识对无形性相对较高的服务来说，本身就会产生较大影响。消费者知识会影响到消费者对服务质量的评价，在本实验中，没有将消费者知识进一步细化研究，而是认为知识的不同维度会在产品与服务中起到不同作用，因此，消费者知识在服务中会出现一些维度重要性提升的现象。实验三的主要目的是了解消费者知识对于服务中的来源国效应的调节作用。

一　研究设计

1. 实验设计与被试

实验采用 2（服务来源国：瑞士、泰国）×2（消费者知识：高、低）组间设计。因变量为感知服务质量。共有来自湖北某大学的 91 名学生自愿参加测试，随机将其分为 4 组，其中，男性占比为 60%，女性占比为 40%，年龄为 19—23 岁，均值为 21 岁。研究采用情境模拟的方式进行，首先让被试阅读一则关于某国外资银行进入中国发展情况的新闻，接着介绍该外资银行的整体状况，导入具体业务场景。考虑到样本为学生，场景采用了学生可能经常接触到的银行存取款业务，并为了更加突出服务特征，描述为银行柜台操作流程。服务来源国仍用瑞士、泰国进行操纵，两段情境描述中仅有国家的名称不一致，其他全部一样。品牌仍为虚拟银行名称 ACL。被试阅读相关资料后，依次进行消费者知识、感知服务质量量表的填写。量表采用 5 级量表，1 代表低，5 代表高。对消费者知识进行均值分组，操纵被试的消费者知识水平高低。

2. 控制检验

通过预实验，服务来源国仍选择瑞士与泰国具有较高可信度。由于在情境中采用了虚拟的 ACL 银行为研究背景，在问卷中对于被试对品牌的熟悉度进了检验，结果显示有93.7%的被试没有听说过 ACL 银行。为排除银行服务情境中，感知风险等因素对被试造成影响，本书采用 L. W. Johnson（1990）提出的消费者感知风险量表（$\alpha = 0.81$）对被试进行了测试，从服务来源国好差两组的比较结果来看，消费者感知风险得分（$M_{瑞士} = 2.51 < M_{泰国} = 3.17$，t = 4.3，p = 0.76）没有呈现出显著差异。对样本年龄均值（$M_{高} = 2.58 < M_{低} = 3.06$，t = 3.17，p = 0.87）和性别（$M_{男} = 2.58 < M_{女} = 3.06$，t = 3.17，p = 0.87）都进行了独立样本 t 检验，两组间没有呈现出显著差异。

二　数据分析

采用 Flynn Leisa R. 和 Ronald E. Goldsmith（1999）提出的消费者知识量表（$\alpha = 0.85$）对两组被试进行了测量（$M_{mean} = 2.53$），利用均值将消费者知识分为高、低两组，两组间存在显著差异 [$M_{高} = 3.57 > M_{低} = 1.64$，t = 4.22，p < 0.05]。通过对服务来源国和消费者知识进行双因素方差分析，结果显示服务来源国的主效应显著 [$F(1, 87) = 51.76$，p < 0.05]，具体结果如表 5 – 5 所示，表明服务来源国会显著影响感知服务质量，支持 H1。

表 5 – 5 实验三统计结果（M/SD）

因变量	消费者知识	服务来源国	
		高（N = 46）	低（N = 45）
感知服务质量	高	3.94（0.98）	3.06（1.19）
	低	3.46（1.27）	3.09（1.22）

服务来源国与消费者知识对感知服务质量的交互作用显著 [$F(1, 87) = 4.43$，p < 0.05]，交互作用如图 5 – 4 所示，表明服务来源国与消费者知识会同时影响感知服务质量，支持 H4，即在高消费者知识的情况下，来源国与感知服务质量间的关系将更强；在低消费者知识的情况下，来源国与感知服务质量间的关系将变弱。

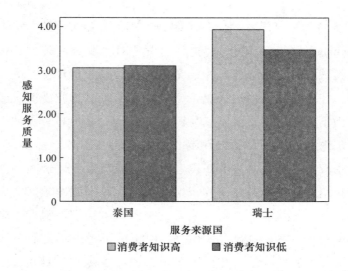

图 5 – 4 服务来源国与消费者知识的交互作用

三 结果讨论

从实验结果来看，在消费者知识不一致的情况下，来源国仍显著影响了感知服务质量的评价。被试对瑞士银行的感知质量明显高于对泰国银行的感知质量，也进一步支持了消费者对发达国家服务会有更高评价的结论，即来源国会显著影响到服务评价（Berentzen，Backhaus et al. ，2008），支持了在服务领域存在来源国效应的观点。消费者知识对来源国与服务评价的调节作用明显，但其方向与产品来源国中的结论方向相反，其会强化主效应。在高消费者知识的情况下，瑞士银行的感知服务质量评价提升更快，而在高消费者知识的情况下，虽然没有显著差异，但从均值来看，对泰国银行的服务评价会相对更低。从来源国作为一种外部线索来看，消费者知识会提供更多判断线索，而较少依靠来源国进行判断。但在服务中，由于二者在特征上的差异，服务质量很难判断，也很难进行标准化，包括互动质量、功能质量等，消费者知识能给予的质量判断信息并不多（Coulter and Coulter，2003），其会更多地反映对来源国等类似外部线索的认可，消费者会更倾向于从来源国的好或差来判断质

量。服务中的外部线索可以体现一种初始信任（Michaelis,
Woisetschläger et al.，2008），提升消费者对于服务的评价，让消费
者愿意尝试服务。从服务风险的角度来说，服务相对于产品，风险
会更高。在高感知风险的情况下，消费者会更愿意凭借传统经验去
判断，而不是分析搜寻新信息（Ward and Lee，2000）。因此，在产
品来源国效应中，消费者知识起作用的逻辑在服务中并不起作用。
但此处也应注意到，消费者知识会对来源国与服务评价间的关系具
有强化作用，即消费者在高知识情况下，会对来源国较好的服务给
出更高评价。但从另一个角度来看，来源国也给了消费者更高的期
望（Armstrong，Mok et al.，1997），由于消费者满意是服务质量与
期望的对比，因此较好来源国背景下的消费者满意更难达成。由于
本实验设计仅从感知服务质量角度进行了研究，仍停留在消费者购
前变量的探讨，因此来源国对消费者满意等购后变量的影响仍不
清晰。

第五节　实验四

　　跨国研究必然会涉及对文化差异影响的了解，对文化维度的不
同看法会从根本上影响对于服务的评价。本实验的主要目的是了解
文化距离对来源国和感知服务质量间关系的调节作用。

一　研究设计

1. 实验设计与被试

　　实验采用2（服务来源国：瑞士、泰国）×2（文化距离：高、
低）组间设计。因变量为感知服务质量。共有来自湖北某大学的93
名学生自愿参加测试，其中包括外国留学生74名，其中，男性占比
为47%，女性占比为53%，年龄为19—33岁，均值为25岁。文化
距离按被试国籍与情境中国家分值的中值，分成高低两组进行操
纵。研究仍采用情境模拟的方式进行，首先让被试阅读一则关于某

国外资银行进入中国发展情况的新闻，接着介绍该外资银行的整体状况。服务来源国选用瑞士、泰国，两段情境描述中仅有国家的名称不一致，其他全部一样。品牌仍为虚拟银行名称 ACL。然后，进行感知服务质量量表的填写。量表采用 5 级量表，1 代表低，5 代表高。

2. 控制检验

情境等设置与实验三基本一致。由于在情境中也采用了虚拟的 ACL 银行为研究背景，在问卷中对于被试对品牌的熟悉度进了检验，结果显示有 92.7% 的被试没有听说过 ACL 银行。从服务来源国好差两组的比较结果来看，消费者知识得分（$M_{瑞士} = 2.32 > M_{泰国} = 2.18$，t = 5.12，p = 0.35）和消费者感知风险得分（$M_{瑞士} = 2.85 < M_{泰国} = 3.14$，t = 3.76，p = 0.47）都没有呈现出显著差异。对样本年龄均值（$M_{高} = 2.67 < M_{低} = 3.15$，t = 3.36，p = 0.97）和性别（$M_{男} = 2.54 < M_{女} = 2.98$，t = 4.10，p = 0.69）都进行了独立样本 T 检验，两组间没有呈现出显著差异。

二　数据分析

根据被试所填写国籍，利用 Kogut 和 Singh（1988）提出的文化距离指数（Cultural Distance Index，CDI），对文化距离进行再次测量，并分析相关数据结论。Kogut 和 Singh 综合了 Hofstede 等的成果，在考察了权力距离、个人主义、不确定性规避、男性主义等维度的基础上，分别计算离差，形成了一个组合指数。离差通过对各个维度方差进行差异校正后进行算术平均得到，具体计算公式如下：

$$CD_j = \sum_{i=1}^{4} \{ (I_{ij} - I_{ic})^2 / V_i \} / 4 \qquad (5-1)$$

式（5-1）中的 CD_j 表示国家 j 与国家 C 之间的文化距离，C 代表被试国家；I_{ij} 表示国家 j 在文化维度 i 上的指数；I_{ic} 表示被试国家 C 在文化维度 i 上的指数；V_i 是指文化维度 i 指数上的方差。例如，瑞士的四个文化维度——权力距离、不确定性规避、个人主义、男性主义的值分别为 17、40、75、93，代入式（5-1）中进行计算，可知其与中国的文化距离为 1.20。

世界各主要国家和地区的文化维度指数如表 5-6 所示。

表 5-6　　　　　　　世界各主要国家和地区的文化维度指数

国家（地区）名称	权力距离	不确定性规避	个人主义	男性主义
中国	80	30	20	66
瑞士	17	40	75	93
泰国	64	64	20	34
印度	82	17	62	63
德国	21	47	74	84
澳大利亚	25	32	98	70
意大利	38	58	89	93
新加坡	77	2	26	49
中国香港	72	8	32	67
日本	32	89	55	100
美国	30	21	100	74
丹麦	6	6	85	8

资料来源：Hofstede 和 Bond（1988）；Hofstede（2003）。

数据处理方法仍然利用均值（$M_{mean} = 1.14$）将文化距离分为高、低两组，两组间存在显著差异 $[M_{高} = 1.67 > M_{低} = 0.72$，t = 4.52，p < 0.05]$。通过对服务来源国和文化距离进行双因素方差分析，结果显示服务来源国的主效应仍显著（$F(1, 89) = 66.40$，p < 0.05），具体结果如表 5-7 所示，表明服务来源国会显著影响感知服务质量，支持 H1。

表 5-7　　　　　　　实验四统计结果（M/SD）

因变量	文化距离	服务来源国	
		高（N = 46）	低（N = 47）
感知服务质量	高	3.83（1.10）	2.28（0.72）
	低	4.01（0.98）	3.23（1.09）

服务来源国与文化距离对感知服务质量的交互作用显著[F(1,89) = 7.29，p < 0.05]，交互作用如图 5 - 5 所示，表明服务来源国与文化距离会同时影响感知服务质量，支持 H5，即在高文化距离的情况下，来源国与感知服务质量间的关系将更强；在低文化距离的情况下，来源国与感知服务质量间的关系将变弱。

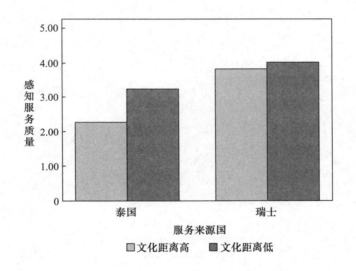

图 5 - 5　服务来源国与文化距离的交互作用

三　结果讨论

从实验结果来看，支持 H5，即文化距离对来源国与服务评价间关系的调节作用明显，会强化主效应，即相对于来自低文化距离国家被试，来自高文化距离国家被试，来源国与服务评价间关系会更强。文化距离会影响消费者的评价，在低文化距离情况下，消费者会更容易理解服务，并易于与服务提供者进行沟通，服务本身的过程性和互动性也更凸显了文化距离对服务的重要性。服务很难标准化，异质性很强，文化因素会启动对服务是否来源正宗的判断。因此，文化距离会调节来源国对服务的评价，其作用可能比在产品背景下更加显著。从实验设计来看，虽然数据支持了假设结论，但文化本身包含的因素有很多，在跨国背景下，有必要进一步细化研究，探讨不同文化维度的影响，也可以从消费者不同文化倾向角度出发进行研究，让实验结论更加可靠。

第六章　研究结论与展望

第一节　讨论

　　在服务全球化的背景下，跨国服务将会越来越普遍，在国外服务涌入国内市场的同时，中国服务也将持续实施"走出去"战略。本书认为从消费者层面来看，跨国服务与产品一样也会遭遇来源国问题，并会成为企业跨国战略实施过程中需重点关注的现象之一。对相关文献进行梳理后，本书认为从来源国研究的脉络来看，服务来源国会是今后研究的重点之一。同时，从来源国效应的产生机制来看，来源国一样也会影响到服务评价，但二者的关系机制可能与产品来源国研究存在一定的差异。产品来源国研究中对于三类调节因素的探讨较多，一是产品特征，二是消费者特征，三是环境特征。利用质性研究对具有跨国经验的消费者进行访谈，不仅获取了来源国影响服务评价主效应的资料，也得出了类似调节变量的结论。

　　从实验研究结果来看，其很好地支持了书中提出的五个假设：一是相对于差的服务来源国，好的服务来源国会提升消费者感知服务质量。服务来源国会影响消费者对服务的评价，确定了服务来源国效应的存在。二是无形性对服务来源国效应的调节作用。服务无形性会强化服务来源国效应，与产品来源国研究中，产品特征或类别对来源国效应的调节作用类似，无形性会决定消费者信息获取的程度和处理方式。服务无形性会造成服务内在线索的缺失，同时，消费者感知风险会提升，消费者会更依赖来源国等外部线索，其会影响到服务来源国效应的大小和方向。三是互动性对服务来源国效应的调节作用。互动性会弱化服务来源国效应，并会促进服务的传递生产，同时，互动性会给消费者带来大量信息，与服务员工的良好互动也会提升服务评价，消费者在进行服务评价时会较少依赖来源国信息。四是消费者知识对服务来源国效应的调节作用。与产品来源国研究结论不同，消费者知识会强化来源国对服务评价的影响。关于产品来源国的研究认为，消费者知识会让消费者较少依赖来源国线索进行判断，但该结论产生的背景为较容易判断质量、易于标准化的产品，而对于无形性强、强调过程性的服务，消费者知识并不能代替来源国带来的减少风险等作用，反而会出现方向的变化。从知识的角度来看，可分为主观知识和客观知识，在服务中更易得到并用来判断质量的是主观知识，来源国信息就是在进行服务评估时的重要主观判断依据。客观知识在服务背景下，会受到服务本身特征的影响，判断质量的重要性将会下降。五是文化距离对服务来源国效应的调节作用。相关的跨国服务资料中对于文化距离的研究较多，文化无疑会影响到消费者对服务的判断，而文化距离又会直接影响到消费者对文化的理解和接受程度。在低文化距离的情况下，来源国对服务评价的影响将会弱化。可以理解为，消费者在低文化距离的情况下进行服务评价时，由于文化的差异相对较小，因此更容易接受相关服务，而不会将关注重点放在服务来源国线索的影响上。

第二节　理论与实践贡献

从理论贡献上来看，现有来源国研究结论大多集中在产品领域，本书探讨了服务中的来源国现象，将研究从产品领域向服务领域进行了有益的延伸，丰富了来源国研究相关结论。本书关注服务特征的调节作用，凸显了在来源国研究中，服务与产品的差异。一是确定了服务来源国效应的存在。现有的关于服务来源国的结论，大多来自跨国服务比较、离岸服务等内容的相关研究。由于研究主题的原因，研究结论会较多地受其他因素影响，结论的效度不高（Javalgi，Cutler et al.，2001）。本书采用实验法，通过五个实验，多次验证了服务来源国效应的存在。二是在将来源国研究拓展到了服务领域的同时，也深化了对现有跨国服务比较、离岸服务研究对于消费者评价相关结论的理解。过去会提到消费者对不同国家服务、离岸服务在感知上的差异，但并未解释其内在原因。本书从来源国对消费者评价的角度出发，丰富了相关研究的解释视角。三是突出服务与产品的差异，讨论了服务来源国效应的调节作用。与产品来源国研究一样，产品或服务本身特征和消费者特征会影响来源国效应。本书选择了服务特征中的无形性和互动性进行了探讨，主要以无形性和互动性为服务最基本特征，而且两个特征会影响到消费者处理线索的方式，有助于了解消费者对服务评价的机制。消费者特征选择了消费者知识和文化距离进行研究，消费者知识也会调节服务中的来源国效应，但方向与产品来源国中的研究结论并不一致。文化距离是从跨国服务中的文化影响因素出发所进行的探讨，服务来源国的研究或跨国服务实验都会涉及不同国家的文化背景，文化距离会影响到消费者对服务的接受和包容程度。在低文化距离的情况下，消费者的评价会更高，来源国对服务评价的影响将会减弱。

　　本书对于管理实践的意义主要包括以下几个方面：一是服务企业应重视服务来源国的作用。当前，跨国服务越来越普遍，很多企业走出了国门。在通过调整服务基地或进行服务外包来降低成本、完善服务的同时，也要注意到服务来源国对消费者服务质量评价的影响。二是不同服务行业所受服务来源国的影响差异。无形性和互动性是服务的两个特征，可通过这两个维度对服务行业进行划分。通过二者对于服务来源国效应的调节作用，可以了解不同行业受到服务来源国的影响，从而采取相应的经营措施。对于具有较差来源国形象的服务企业来说，无形性太高的服务行业，可以考虑采取增加互动的方式，减弱来源国带来的负面影响。三是有助于企业提升消费者感知服务质量。企业自身对提升服务来源国形象能采取的办法不多，但从无形性或互动性角度出发，企业可以采取厘清服务流程、加强与消费者交流等切实有效的措施，提升消费者感知服务质量。四是消费者知识对来源国效应的强化作用。要求企业管理人员在实际操作中，要善于沟通，强调服务来源的纯正，提升消费者相关知识水平以强化正面的来源国效应；当然，存在负面来源国效应的情况下，可能更需要精心的安排，不能一味地去教育消费者，而要与企业服务类型结合进行考虑。五是文化距离对来源国效应的强化作用。在较差来源国背景下，服务企业在进行目的国选择时，可以考虑先到文化相似度较高的国家开展业务，等局面打开后，再扩展到其他国家。在进行服务项目开发时，也可以考虑植入一些与当地文化相似的因素，利用文化融合拓展业务，打开市场。

第三节　研究的局限性

研究的局限性主要体现在以下几方面：一是服务来源国样本的确定。将瑞士、泰国作为样本，通过 SERVQUAL 量表前测效果较好。但该量表还是更多地关注服务质量上的差异，对于文化、情感等因素体现得较少。与产品来源国不同，服务来源国可能会更多地受到文化、情感等因素的影响。对于来源国这样一个涉及较多因素的构念，仅利用服务质量量表进行确定，会忽略和遗漏诸多因素。二是情境设置。本书利用情境实验加问卷的形式开展研究，虽然操纵变量都通过了前测，但相对于实际服务购买环境还有较大距离，如价格、品牌等因素都没有被考虑在内，而这些因素也与来源国一样会影响到消费者评价，甚至起到决定性作用。三是从实验数据来看，无形性、互动性、服务来源国三者对感知服务质量的交互作用显著。虽然没有影响到无形性、互动性调节作用的显著性，但对于交互作用的处理还需要更深入的了解。因为从两个服务特征来看，无形性与互动性间可能存在联系，服务互动性会导致在购买服务前，消费者判断服务质量的难度增加。服务提供者与消费者的交流互动，本身无法触摸，也是无形性的体现。清楚了解二者的交互作用，有助于深入了解消费者进行服务评价时的信息处理过程。本书从消费者角度选择了两个变量进行了研究，其中，消费者知识对服务与产品背景下的调节作用方向相反，但我们并不能盲目得出二者必然反向的结论。主要原因有，本书所选择的实验背景仅为金融业，需要选择更多行业进行反复验证。另外，服务和产品可以看作以无形性和互动性为轴进行划分区隔，而且服务本身就与产品紧密相关，并不能简单地将服务与产品进行对立（Vandermerwe and Chadwick，1989），更不能得出服务就一定会引起消费者处理来源国等外部信息的变化。文化距离对来源国与服务评价间的关系具有调节作用，体现了跨国服务中文化因素的影响，特别是服务的过程性、互动性更突出了文化的重要性。高文化距离会造成消费者对服务的理解出现偏差，难以接受相关服务或评价不高。但在日益全球化的今天，一些消费者文化的包容性越来越强，无法从其母国判断其与来源国间的文化距离；而且文化的影响因素众多，仅从文化距离进行研究远远不能厘清文化对跨国服务的影响，需要从更基础的层次、更具体的维度进行探讨，以得到更加可靠的结论。

第四节　未来研究方向

服务来源国在研究中较少被关注的主要原因在于：一是相对于跨国产品来说，跨国服务的出现相对较晚，人们对其的重视程度也相对较低；二是传统产品来源国中的研究方法仅关注实体产品的感知，对于服务而言则需要从过程性、无形性、互动性等方面进行理解，亟待研究方法上的创新；三是研究样本的获取更加困难，仅从感知层面进行研究，接受过跨国服务的样本相对难以寻找，不能突出服务体验的特征。对于未来研究方向，一方面要重点突破以上难点，另一方面要结合产品来源国研究结论，紧扣产品与服务的差异，做好比较研究。具体来看，可以从以下几个方面入手，深入探讨：

（一）服务来源国构念的构成及测量研究

现有文献关于服务来源国的构成、维度基本都是以产品来源国研究为基础，直接套用到服务情境中，没有进行区分。文献关于服务来源国的定义也十分有限，仅强调了对服务能力的认知（Khare and Popovich，2010）。由于作为研究基础的产品来源国维度还存在很多争议（Laroche，Papadopoulos et al.，2005），各种概念的层面都不同，包括国家形象、产品国家形象、产品形象等，由此出发的构念维度因而也不一致（Lu，Heslop et al.，2008）。Roth 和 Dia-mantopoulos（2009）从态度理论出发，认为来源国可从认知、情感、意动三方面进行界定，但仅提出了想法，还未通过数据实证，此后也受到了其他学者的质疑（Samiee，2010）。加之相对于产品，服务的风险更大，信息搜寻成本更高，评价很难标准化，服务来源国的维度也会与产品来源国产生较大差异。如产品中很少涉及的交流、语言障碍、文化差距会对消费者评价国外服务产生重要影响（Hofstede，1983；Thelen，Jr. et al.，2010），也会影响到服务来源国的构成。因此，有必要针对服务来源国构念的构成及测量进行深入研究，以体现服务来源国的独特性，也为将来该领域的研究打下基础。

（二）加强对于服务来源国效应的实证研究

服务来源国会影响到消费者对服务的评价（Javalgi，Cutler et al.，2001；Berentzen，Backhaus et al.，2008；Khare and Popovich，2010），消费者会偏好来自经济发达国家的服务（Harrison - Walker，

1995；Lascu and Giese，1995；Bruning，1997）。现有文献基本都是关于服务外包位置和跨国服务比较的研究，直接研究服务来源国线索与消费者服务评价关系的文献很少，通过不同服务行业背景和大样本研究，确定服务来源国线索对消费者评价的影响，可以回应过去来源国研究被诟病的外部效度不高的问题（Peterson and Jolibert，1995；Mishra and Umesh，2005），也可以更好地解释消费者服务选择偏好的原因。过去产品来源国研究结论被诟病最多的原因之一，是来源国研究常以实验方法开展研究，实际中许多影响因素被控制，认为扩大了来源国对消费者的影响。由于服务更关注体验，缺少实体产品支撑，更需注意实证研究时数据的获取，可考虑利用二手数据进行研究，强化研究结论效度。

（三）了解其他服务特征对服务来源国效应的调节作用

从服务的本质来看，服务具有无形性、不可分离性、异质性、易逝性（Zeithaml，1981；Knight，1999）。随着无形性的增加，服务会拥有更多的体验质量（Harrison - Walker，1995）和经验属性（Nelson，1974），会提高消费者搜寻成本，增加服务风险的感知。而来源国是一种信念，会影响到消费者感知风险（Cordell，1992），消费者更可能会受到服务来源国的影响。来源国作为一种刻板印象，接触会使人们对于事物的认识更客观，较少受刻板印象的影响。互动程度越高，消费者受服务来源国的影响可能会越小（Clark and Kashima，2003）。服务异质性也会影响到消费者对服务来源国线索的处理。服务异质性的增加，会造成消费者对服务质量判断的困难，服务来源国效应可能会增强。不同的服务特征对于服务来源国效应的调节作用可能会不一致，因而有必要了解何种情况下哪种调节作用更强。在研究中还应考虑其他线索，如价格、品牌等，尽量还原真实的购买情境，以期得到更为可靠的研究结论。在产品与服务结合越来越紧密的今天，服务将会为传统制造业提供更多的竞争力。因此，在来源国的研究中，也需注意产品与服务的结合会造成消费者判断的变化。例如，在一种解决方案中，产品的来源国影响大，还是服务的来源国影响大呢？在不同情况下，会有怎样的变化呢？会不会与过去来源国分解情境相似？好差来源国与服务类型之间是否存在契合关系？

（四）关注消费者相关变量的影响

从服务来源国效应来看，其落脚点在于消费者。而从线索理论出发，消费者的能力、动机、机会都会影响到消费者对线索的判断，来源国作为一种外部线索，消费者的能力、动机、机会也会影响到消费者服务评价。例如，服务熟悉度、消费者思维方式、服务卷入度都可能起到调节作用。

（五）关注具体文化相关变量的影响

服务来源国研究会涉及多个国家的服务或消费者，而且，在服务过程中有不断的互动过程，消费者会更加看重文化的因素，注重服务提供者的自身素质。文化因素影响较为广泛，不仅会影响到服务来源国的前因，还会影响到服务来源国作用的过程，在研究中较难具体把握。但权力距离、集体主义、民族中心主义等文化相关变量，有助于厘清不同变量对服务来源国效应的真实影响，也有助于了解服务来源国影响消费者评价的作用机制，应在今后研究中着重体现。对文化变量的研究还有助于了解跨国服务研究中消费者对服务的评价机制。

（六）进行其他服务行业的实证检验

本书从金融行业出发，对服务来源国现象进行了探讨。由于从服务行业本身来看，也存在着诸多差异，例如，体验服务与信用服务之间在无形性上就有很大的不同，因此，今后需要选择一些其他服务行业展开研究，使研究结论更具普适性。

参考文献

陈向明：《社会科学中的定性研究方法》，《中国社会科学》1996 年第 6 期。

陈向明：《质的研究方法与社会科学研究》，教育科学出版社 2000 年版。

迟福林：《中国面临走向服务业大国的历史节点》，http：//finance. people. com. cn/n/2015/0216/c1004 – 26572994. html。

戴廉：《中国制造业的升级软肋》，http：//news. sohu. com/20060309/n242207096. shtml。

电视评论：《重磅！央视发布"国家品牌计划"透露哪些信息？》，https：//www. ishuo. cn/doc/mipjsiqf. html。

符国群、佟学英：《品牌、价格和原产地如何影响消费者的购买选择》，《管理科学学报》2003 年第 6 期。

国家统计局：《2014 年统计公报：全年 GDP 超 63 万亿，同比增长7. 4%》，http：//money. 163. com/api/15/0226/09/AJCCPF6R00254TI5. html。

国家统计局：《2015 年中国城镇化率为 56. 1%》，http：//finance. sina. com. cn/roll/2016 – 01 – 19/doc – ifxnqrkc664 2982. shtml。

国家统计局：《中华人民共和国 2016 年国民经济和社会发展统计公报》，http：//news. china. com/finance/11155042/20170301/30291375_ all. html#page_ 2。

胡英化：《埃及外包服务市场成长迅速》，http：//intl. ce. cn/right/jcbzh/200911/10/t20091110_ 20385637. shtml。

黄培昭、陈煦：《走近世界家政名牌"菲佣"》，http：//news. hu. cnool. net/content. aspx？bigcataid = 0 – 1 – 24&id = 32661 &page = 12。

季琦：《从"中国制造"到"中国服务"》，http：//www. p5w. net/ news/xwpl/200810/t1981996. htm。

姜明：《中国进入服务业发展时代》，http：//finance. eastmoney. com/news/1670，20150205475698627. html。

克里斯廷·格罗鲁斯：《服务管理与营销：基于顾客关系的管理策略》，电子工业出版社 2002 年版。

李东进、周荣海等：《原产国和消费者民族中心主义对组织购买者产品评价的影响》，《中大管理研究》2007 年第 3 期。

李维民：《当前发展服务业应注意的几个问题》，http：//www. cc-mw. net/article/17424. html。

刘旭：《国际服务贸易协定（TISA）对中国经济的影响及对策建议》，《全球化》2014 年第 9 期。

罗殿军、赵文：《消费者对原产国的认知及其在品牌营销中的应用》，《市场营销导刊》2009 年第 5 期。

墨林：《中国物流成本高在哪里》，《经济日报》2014 年 11 月 22 日。

倪元锦：《联合国报告称，中国创意产品出口增长引人注目》，ht-tp：//www. chinanews. com/cj/2010/11 – 17/2662807. shtml。

齐洁：《服务外包：如何破解低端宿命》，http：//www. cb. com. cn/1634427/20100723/1401 22. html，2010 年 7 月 23 日。

商务部：《2014 年商务工作年终综述之二十二：创新支持政策 推动服务贸易实现新突破》，http：//www. mofcom. gov. cn/article/ae/ai/201502/20150200896621. shtml。

商务部新闻办公室：《陈德铭表示：服务贸易是推动经济复苏新动力》，http：//fwmys. mofcom. gov. cn/aarticle/tupxw/200911/2009 1106636323. html。

师卫娟：《印度行业组织：2020 年 IT 外包服务市场规模将增至 1.5

万至 1.6 万亿美元》，http：//chinasourcing. mofcom. gov. cn/c/2011 - 02 - 11/89884. shtml。

孙进：《德国对中国负面看法超日本　全国都视中国为威胁》，http：//mil. huanqiu. com/observation/2014 - 07/5044129. html。

孙丽辉、郑瑜：《西方原产国效应理论研究回顾及其评价》，《财贸经济》2009 年第 5 期。

孙林岩、朱春燕：《"中国制造"应向服务转型》，http：//finance. ifeng. com/leadership/cygc/20110114/3206503. shtml。

田虎伟、周玉春：《混合方法在管理学研究中的扩散动态述评》，《河南科技大学学报》（社会科学版）2013 年第 6 期。

王海忠、王晶雪：《品牌名、原产国、价格对感知质量与购买意向的暗示作用》，《南开管理评论》2007 年第 6 期。

王晶晶：《服务业已成中国经济增长新引擎》，http：//www. cet. com. cn/ycpd/sdyd/1739149. shtml.

吴坚、符国群：《原产地形象——一个国际市场上影响消费者选择的重要因素》，《商业研究》2000 年第 1 期。

吴晓云：《服务性跨国公司全球营销新战略——模型创建、实证检验及应用》，格致出版社 2010 年版。

谢利：《在开放中发展中国为世界经济复苏作出重要贡献》，http：//finance. sina. com. cn/roll/20101001 /05368734219. shtml。

许剑毅：《服务业："领跑"中国经济增长》，《光明日报》2016 年 7 月 25 日。

袁治：《德国软件外包市场分析》，http：//www. chnsourcing. com. cn/research - insights/article/？i = 103。

张辉、汪涛等：《服务产品也有来源国效应吗？——服务特征的调节作用》，《财贸经济》2011 年第 12 期。

赵瑾：《全球服务贸易发展未来走势明朗》，《经济日报》2017 年 2 月 20 日。

中国驻悉尼总领馆经商室：《2014 年中国服务外包产业迅速发展》，

http：//www. mofcom. gov. cn/article/i/jyjl/l/201501/2015010087 4409. shtml。周玲、汪涛等:《来源国形象是如何形成的——基于合理性理论视角的扎根研究》,第八届中国营销科学学术年会暨博士生论坛,2011 年。

《"中国制造 2025"将带来有哪些机遇与挑战?》,控制工程网,http：//www. cechina. cn/m/article. aspx?ID = 54309。

《中国服务与中国制造比翼齐飞》,中国服务发展论坛,http：// www. china. com. cn/travel/txt/2010 – 09/30/content_ 21044774. htm。

《中国制造业必须加大原创性技术创新力度》,中研网,http：//www. chinairn. com/news/20140928/10440933. shtml。

Abhilash, P. and S. Roy (2009), "Indian Consumers' Perception of Country of Origin on Organizational Capabilities. " *IUP Journal of Management Research*, 8 (10): 63 – 72.

Ahmed, Z. U. , J. P. Johnson et al. (2002), "Country – of – origin and Brand Effects on Consumers' Evaluations of Cruise Lines. " *International Marketing Review*, 19 (3): 279 – 302.

Amabile, T. M. (1996), *Creativity in Context: Update to "the Social Psychology of Creativity"*, Westview Press.

Armstrong, R. W. , C. Mok et al. (1997), "The Importance of Cross – cultural Expectations in the Measurement of Service Quality Perceptions in the Hotel Industry. " *International Journal of Hospitality Management*, 16 (2): 181 – 190.

Babiker, I. E. , J. L. Cox et al. (1980), "The Measurement of Cultural Distance and its Relationship to Medical Consultations, Symptomatology and Examination Performance of Overseas Students at Edinburgh University. " *Social Psychiatry and Psychiatric Epidemiology*, 15 (3): 109 – 116.

Balabanis, G. , R. Mueller et al. (2002), "The Human Values' Lenses of Country of Origin Images. " *International Marketing Review*, 19 (6): 582 – 610.

Balabanis, G. and A. Diamantopoulos (2004), "Domestic Country Bias, Country – of – origin Effects, and Consumer Ethnocentrism: A Multidimensional Unfolding Approach. " *Journal of the Academy of Marketing Science*, 32 (1): 80 – 95.

Berentzen, J. B. , C. Backhaus et al. (2008), "Does 'Made in⋯' Also Apply to Services? An Empirical Assessment of the Country – of – Origin Effect in Service Settings. " *Journal of Relationship Marketing*, 7 (4): 391 – 405.

Berry, L. L. (1995), "Relationship Marketing of Services – Growing Interest, Emerging Perspectives. " *Journal of the Academy of Marketing Science*, 23 (4): 236 – 245.

Berry, L. L. , V. A. Zeithaml et al. (1990), "Five Imperatives for Improving Service Quality. " *Sloan Management Review*, 31 (4): 29 – 38.

Beverland, M. and A. Lindgreen (2002), "Using Country of Origin in Strategy: The importance of Context and Strategic Action. " *Journal of Brand Management*, 10 (2): 147.

Bielen, F. and C. Sempels (2003), "The Dimensionality of the Concept of Intangibility: A Critical Analysis. " *Measurement Scale*.

Bolton, R. N. and J. H. Drew (1991), "A Longitudinal Analysis of the Impact of Service Changes on Customer attitudes. " *the Journal of Marketing*: 1 – 9.

Brucks, M. (1985), "The Effects of Product Class Knowledge on Information Search Behavior. " *Journal of Consumer Research*: 1 – 16.

Bruning, E. R. (1997), "Country of Origin, National Loyalty and Product Choice. " *International Marketing Review*, 14 (1): 59.

Chao, P. (1993), "Partitioning Country of Origin Effects: Consumer

Evaluations of a Hybrid Product. " *Journal of International Business Studies*, 24 (2): 291 – 306.

Chao, P. (2001), "The Moderating Effects of Country of Assembly, Country of Parts, and Country of Design on Hybrid Product Evaluations. " *Journal of Advertising*, 30 (4): 67 – 81.

Chenet, P. , T. S. Dagger et al. (2010), "Service Quality, Trust, Commitment and Service Differentiation in Business Relationships. " *Journal of Services Marketing*, 24 (5): 336 – 346.

Clark, A. E. and Y. Kashima (2003), "Stereotype Maintenance in Communication: How Perceptions of Stereotype Sharedness Contribute to the Stereotype Content of Interpersonal Communication. " *Australian Journal of Psychology*, 55: 38 – 38.

Cleveland, M. , M. Laroche, et al. (2009), "Cosmopolitanism, Consumer Ethnocentrism, and Materialism: An Eight – country Study of Antecedents and Outcomes. " *Journal of International Marketing*, 17 (1): 116 – 146.

Cordell, V. V. (1992), "Effects of Consumer Preferences for Foreign Sourced Products. " *Journal of International Business Studies*, 23 (2): 251 – 269.

Cordell, V. V. (1992), "Effects of Consumer Preferences for Foreign Sourced Products. " *Journal of International Business Studies*: 251 – 269.

Cordell, V. V. (1993), "Interaction Effects of Country of Origin with Branding, Price and Perceived Performance Risk. " *Journal of International Consumer Marketing*, 5 (2): 5 – 18.

Coulter, K. S. and R. A. Coulter (2003), "The Effects of Industry Knowledge on the Development of Trust in Service Relationships. " *International Journal of Research in Marketing*, 20 (1): 31 – 43.

Cronin Jr. , J. J. and S. A. Taylor (1992), "Measuring Service Quality: A

Reexamination and Extension." *the Journal of Marketing*: 55 – 68.

Darby, M. R. and E. Karni (1973), "Free Competition and the Optimal Amount of Fraud." *Journal of Law & Economics*, 16 (1): 67 – 88.

Darling, J. R. and J. E. Puetz (2002a), "An Analysis of Competitive Changes in the Products and Marketing Practices of Japan and the U. S., 1975 to 2000." *Competitiveness Review*, 12 (2): 64 – 76.

Darling, J. R. and J. E. Puetz (2002b), "Analysis of Changes in Consumer Attitudes Towards the Products of England, France, Germany and the USA, 1975 – 2000." *European Business Review*, 14 (3): 170 – 193.

Demirbag, M., S. Sahadev et al. (2010), "Country Image and Consumer Preference for Emerging Economy Products: The Moderating Role of Consumer Materialism." *International Marketing Review*, 27 (2): 141 – 163.

Diamantopoulos, A., B. Schlegelmilch et al. (2011), "The Relationship Between Country – of – origin Image and Brand Image as Drivers of Purchase Intentions a Test of Alternative Perspectives." *International Marketing Review*, 28 (5): 508 – 524.

Dowling, G. R. and R. Staelin (1994), "A Model of Perceived Risk and Intended Risk – handling Activity." *Journal of Consumer Research*: 119 – 134.

D'Astous, A., Z. Giraud Voss, et al. (2008), "Product – country Images in the Arts: A Multi – country Study." *International Marketing Review*, 25 (4): 379 – 403.

D'Astous, A. and S. A. Ahmed (2008), "Antecedents, Moderators and Dimensions of Country – of – origin Evaluations." *International Marketing Review*, 25 (1): 75 – 106.

Ferguson, J. L., K. Q. Dadzie et al. (2008), "Country – of – origin

Effects in Service Evaluation in Emerging Markets: Some Insights from Five West African Countries. " *Journal of Business & Industrial Marketing*, 23 (6): 429 – 437.

Galchenko, I. and F. J. R. van de Vijver (2007), "The Role of Perceived Cultural Distance in the Acculturation of Exchange Students in Russia. " *International Journal of Intercultural Relations*, 31 (2): 181 – 197.

Grönroos, C. (1984), "A Service Quality Model and its Marketing Implications. " *European Journal of Marketing*, 18 (4): 36 – 44.

Gurhan – Canli, Z. and D. Maheswaran(2000), "Determinants of Country – of – origin Evaluations. " *Journal of Consumer Research*, 27 (1): 96 – 108.

Harrison – Walker, L. J. (1995), "The Relative Effects of National Stereotype and Advertising Information on the Selection of a Service Provider: An Empirical Study. " *Journal of Services Marketing*, 9 (1): 47 – 59.

Heslop, L. A. , N. Papadopoulos et al. (1998), "An Interregional and Intercultural Perspective on Subcultural Differences in Product Evaluations. " *Canadian Journal of Administrative Sciences (Canadian Journal of Administrative Sciences)*, 15 (2): 113.

Hofstede, G. (1983), "The Cultural Relativity of Organizational Practices and Theories. " *Journal of International Business Studies*, 14 (2): 75 – 89.

Hofstede, G. (2003), *Culture's Consequences: Comparing Values, Behaviors, Institutions, and Organizations Across Nations*, Sage Publications, Inc.

Hofstede, G. and M. H. Bond (1988), "The Confucius Connection: From Cultural Roots to Economic Growth. " *Organizational Dynamics*, 16 (4): 4 – 21.

Hongzhi, G. and J. Knight (2007), "Pioneering Advantage and Product – country Image: Evidence from an Exploratory Study in China." *Journal of Marketing Management*, 23 (3/4): 367 –385.

Jae – Eun, C., D. T. Pysarchik et al. (2009), "Effects of Country – of – Manufacture and Brand Image on Korean Consumers' Purchase Intention." *Journal of Global Marketing*, 22 (1): 21 –41.

Jaffe, E. D. and I. D. Nebenzahl (1984), "Alternative Questionnaire Formats for Country Image Studies." *Journal of Marketing Research* (JMR), 21 (4): 463 –471.

Jaffe, E. D. and I. D. Nebenzahl (2001), *National Image and Competitive Advantage*, Copenhagen, Copenhagen Business School Press.

Javalgi, R. G., B. D. Cutler et al. (2001), "At Your Service! Does Country of Origin Research Apply to Services?" *Journal of Services Marketing*, 15 (6): 565.

Johansson, J. K. (1989), "Determinants and Effects of the Use of 'Made in' Labels." *International Marketing Review*, 6 (1).

Johnson, E. J. and J. E. Russo (1984), "Product Familiarity and Learning New Information." *Journal of Consumer Research*: 542 – 550.

Jong Woo, J., L. Hyung Seok et al. (2009), "Roles of Media Exposure and Interpersonal Experiences on Country Brand: The Mediated Risk Perception Model." *Journal of Promotion Management*, 15 (1/2): 321 –339.

J. W. Alba and J. W. Hutchinson (1987), "Dimensions of Consumer Expertise." *Journal of Consumer Research* 13 (4): 411 –454.

Khare, V. P. and K. Popovich (2010), "Country of Origin of Services: Are All Services Created Equal?" *Proceedings of the Allied Academies Internet Conference*, 12: 113 –116.

Klein, J. G., R. Ettenson et al. (1998), "The Animosity Model of

Foreign Product Purchase: An Empirical Test in the People's Republic of China." *Journal of Marketing*, 62 (1): 89 – 100.

Kleppe, I. A., N. M. Iversen et al. (2002), "Country Images in Marketing Strategies: Conceptual Issues and an Empirical Asian Illustration." *The Journal of Brand Management*, 10 (1): 61 – 74.

Knight, G. (1999), "International Services Marketing: Review of Research, 1980 – 1998." *Journal of Services Marketing*, 13 (4): 347.

Kogut, B. and H. Singh (1988), "The Effect of National Culture on the Choice of Entry Mode." *Journal of International Business Studies*: 411 – 432.

Kotler, P. and D. Gertner (2002), "Country as Brand, Products, and Beyond: A Place Marketing and Brand Management Perspective." *Journal of Brand Management*, 9 (4/5): 249.

Kraft, F. B. and K. H. Chung (1992), "Korean Importer Perceptions of US and Japanese Industrial Goods Exporters." *International Marketing Review*, 9 (2): 59.

La, V. Q., P. G. Patterson et al. (2005), "Determinants of Export Performance Across Service Types: A Conceptual Model." *Journal of Services Marketing*, 19 (6): 379 – 391.

Lala, V., A. T. Allred et al. (2009), "A Multidimensional Scale for Measuring Country Image." *Journal of International Consumer Marketing*, 21 (1): 51 – 66.

Laroche, M., N. Papadopoulos et al. (2005), "The Influence of Country Image Structure on Consumer Evaluations of Foreign Products." *International Marketing Review*, 22 (1): 96 – 115.

Lascu, D. – N. and T. Giese (1995), "Exploring Country Bias in a Retailing Environment: Implications of Retailer Country of Origin." *Journal of Global Marketing*, 9 (1): 41.

Lazarsfeld, P. F. and R. K. Merton (1954), "Friendship as a Social

Process: A Substantive and Methodological Analysis. " *Freedom and Control in Modern Society*, 18: 18 – 66.

Lee, D. and G. Ganesh (1999), "Effects of Partitioned Country Image in the Context of Brand Image and Familiarity: A Categorization Theory Perspective. " *International Marketing Review*, 16 (1): 18 – 41.

Lee, D. and S. Bae (1999), "Effects of Partitioned Country of Origin Information on Buyer Assessment of Binational. " *Advances in Consumer Research*, 26: 344 – 351.

Lee, H. , C. Kim et al. (1992), "The Relative Effects of Price, Warranty and Country of Origin on Consumer Product Evaluations. " *Journal of Global Marketing*, 6 (1): 55.

Lee, J. K. and W. N. Lee (2009), "Country – of – origin Effects on Consumer Product Evaluation and Purchase Intention: The Role of Objective Versus Subjective Knowledge. " *Journal of International Consumer Marketing*, 21 (2): 137 – 151.

Lee, W. , T. Yun, et al. (2005), "The Role of Involvement in Country – of – origin Effects on Product Evaluation: Situational and Enduring Involvement. " *Journal of International Consumer Marketing*, 17 (2): 51 – 72.

Lehtinen, U. and J. R. Lehtinen (1982), "Service Quality: A Study of Quality Dimensions. " Unpublished Working Paper, Service Management Institute, Helsinki.

Leifeld, J. P. (ed.) (1993), *Experiments on Country – of – origin Effects: Review and Meta – analysis of Effect Size*, Product – Country Images: Impact and Role in International Marketing, 1: 17 – 56.

Lewis, R. C. and B. H. Booms (1983), "The Marketing Aspects of Service Quality in Emerging Perspectives on Services Marketing. " *American Marketing*, B. L, S. G and U. G. Chicago: 99 – 107.

Li, Z. G. , F. Shenzhao et al. (1997), "Country and Product Images: The Perceptions of Consumers in the People's Republic of China. " *Journal of International Consumer Marketing*, 10(1/2): 115.

Liefeld, J. P. (2004), "Consumer Knowledge and Use of Country – of – origin Information at the Point of Purchase. " *Journal of Consumer Behaviour*, 4 (2): 85 – 87.

Liu, S. S. and K. F. Johnson (2005), "The Automatic Country – of – origin Effects on Brand Judgments. " *Journal of Advertising*, 34 (1): 87 – 97.

Lotz, S. L. and M. Y. Hu (2001), "Diluting Negative Country of Origin Stereotypes: A Social Stereotype Approach. " *Journal of Marketing Management*, 17 (1/2): 105 – 135.

Lovelock, C. and E. Gummesson (2004), "Whither Services Marketing? In Search of a new Paradigm and Fresh Perspectives. " *Journal of Service Research*, 7 (1): 20 – 41.

Lu, I. R. R. , L. A. Heslop et al. (2008), "Measuring Country Image: A Research Proposal. " *Annual Conference of the Administrative Sciences Association of Canada*, 3: 290 – 303.

Maclnnis, D. J. , C. Moorman et al. (1991), "Enhancing and Measuring Consumers' Motivation, Opportunity, and Ability to Process Brand Information from Ads. " *Journal of Marketing*, 55 (4): 32 – 53.

Magnusson, P. , S. A. Westjohn et al. (2011), "'What? I thought Samsung was Japanese': Accurate or Not, Perceived Country of Origin Matters. " *International Marketing Review*, 28 (5): 454 – 472.

Malhotra, N. K. , F. M. Ulgado et al. (2005), "Dimensions of Service Quality in Developed and Developing Economies: Multi – country Cross – cultural Comparisons. " *International Marketing Review*, 22

(3): 256 – 278.

Maronick, T. J. (1995), "An Empirical Investigation of Consumer Perceptions of 'Made in USA' Claims." *International Marketing Review*, 12 (3): 15 – 30.

Martin, B. A. S., M. S. W. Lee et al. (2011), "Countering Negative Country of Origin Effects using Imagery Processing." *Journal of Consumer Behaviour*, 10 (2): 80 – 92.

Michaelis, M., D. M. Woisetschläger et al. (2008), "The Effects of Country of Origin and Corporate Reputation on Initial Trust: An Experimental Evaluation of the Perception of Polish Consumers." *International Marketing Review*, 25 (4): 404 – 422.

Min Han, C. (1989), "Country Image: Halo or Summary Construct?" *Journal of Marketing Research* (JMR), 26 (2): 222 – 229.

Ming – Huei, H., P. Shan – Ling et al. (2004), "Product, Corporate, and Country – Image Dimensions and Purchase Behavior: A Multicountry Analysis." *Journal of the Academy of Marketing Science*, 32 (3): 251 – 270.

Mishra, S. and U. N. Umesh (2005), "Determining the Quality of Conjoint Analysis Results Using Violation of a Priori Signs." *Journal of Business Research*, 58 (3): 301 – 311.

Mitchell, A. A. and P. A. Dacin (1996), "The Assessment of Alternative Measures of Consumer Expertise." *Journal of Consumer Research*: 219 – 239.

Moorman, C., K. Diehl et al. (2004), "Subjective Knowledge, Search Locations, and Consumer Choice." *Journal of Consumer Research*, 31 (3): 673 – 680.

Morosini, P., S. Shane et al. (1998), "National Cultural Distance and Cross – border Acquisition Performance." *Journal of International Business Studies*: 137 – 158.

Nagashima, A. (1970), "A Comparison of Japanese and U. S. Attitudes Toward Foreign Products. " *Journal of Marketing*, 34 (1): 68 – 74.

Nelson, P. (1974), "Advertising as Information. " *Journal of Political Economy*, 82 (4): 729 – 754.

Ng, S. I., J. A. Lee et al. (2007), "Tourists' Intention to Visit a Country: The Impact of Cultural Distance. " *Tourism Management*, 28 (6): 1497 – 1506.

Nicoulaud, B. (1989), "Problems and Strategies in the International Marketing of Services. " *European Journal of Marketing*, 23 (6): 55 – 66.

Nijssen, E. J. and H. V. Herk (2009), "Conjoining International Marketing and Relationship Marketing: Exploring Consumers' Cross – Border Service Relationships. " *Journal of International Marketing*, 17 (1): 91 – 115.

Ofir, C. and D. R. Lehmann (1986), "Measuring Images of Foreign Products. " *Columbia Journal of World Business*, 21 (2): 105 – 108.

Papadopoulos, N., L. A. Heslop et al. (1990), "National Stereotypes and Product Evaluations in a Socialist Country. " *International Marketing Review*, 7 (1): 32.

Papadopoulos, N., L. A. Heslop et al. (2000), *A Cross – national and Longitudinal Study of Product – country Images with a Focus on the U. S. and Japan*, M. S. Institute. Cambridge: 1 – 67.

Parasuraman, A., V. A. Zeithaml et al. (1985), "A Conceptual Model of Service Quality and Its Implications for Future Research. " *Journal of Marketing*, 49 (4): 41 – 50.

Parasuraman, A., V. A. Zeithaml et al. (1988), "Servqual: A Multiple – Item Scale for Measuring Consumer Perceptions of Service Quality. " *Journal of Retailing*, 64 (1): 12 –40.

Parasuraman, A., V. A. Zeithaml et al. (1994), "Alternative Scales for Measuring Service Auality: A Comparative Assessment Based on Psychometric and Diagnostic Criteria. " *Journal of Retailing*, 70 (3): 201 –230.

Patterson, P. G. and M. Cicic (1995), "A Typology of Service Firms in International Markets: An Empirical Investigation. " *Journal of International Marketing*, 3 (4): 57 –83.

Pecotich, A., M. Pressley et al. (1996), "The Impact of Country of Origin in the Retail Service Context. " *Journal of Retailing and Consumer Services*, 3 (4): 213 –224.

Peterson, R. A. and A. J. P. Jolibert (1995), "A Meta – Analysis of Country – of – Origin Effects. " *Journal of International Business Studies*, 26 (4): 883 –900.

Philippe, A. and P. V. Ngobo (1999), "Assessment of Consumer Knowledge and its Consequences: A Multi – component Approach. " *Advances in Consumer Research*, 26: 569 –575.

Pickett, C. L., W. L. Gardner et al. (2004), "Getting a Cue: The Need to Belong and Enhanced Sensitivity to Social Cues. " *Personality and Social Psychology Bulletin*, 30 (9): 1095 –1107.

Prendergast, G. P., A. S. L. Tsang et al. (2010), "The Interactive Influence of Country of Origin of Brand and Product Involvement on Purchase Intention. " *Journal of Consumer Marketing*, 27 (2): 180 –188.

Punj, G. N. and R. Staelin (1983), "A Model of Consumer Information Search Behavior for New Automobiles. " *Journal of Consumer Research*, 366 –380.

Quester, P. G., S. Dzever et al. (2000), "Country – of – origin Effects on Purchasing Agents' Product Perceptions: An International

Perspective. " *Journal of Business & Industrial Marketing*, 15 (7):
479 – 489.

Rathmell, J. M. (1966), "What Is Meant by Services?" *Journal of Marketing*, 30 (4): 32.

Rathmell, J. M. (1975), "Marketing in the Service Sector. " *Journal of Marketing*, 39 (4): 114.

Roth, K. P. and A. Diamantopoulos (2009), " Advancing the Country Image Construct. " *Journal of Business Research*, 62 (7): 726 – 740.

Roth, M. S. and J. B. Romeo (1992), "Matching Product Catgeory and Country Image Perceptions: A Framework for Managing Country – of – origin Effects. " *Journal of International Business Studies*, 23 (3): 477 –497.

Rust, R. T. and C. Tuck Siong (2006), "Marketing Models of Service and Relationships. " *Marketing Science*, 25 (6): 560 –580.

Ryan, J. (2008), "The Finnish Country – of – origin Effect: The Quest to Create a Distinctive Identity in a Crowded and Competitive International Marketplace. " *Journal of Brand Management*, 16 (1): 13 – 20.

Ryan, R. M. and E. L. Deci (2000), "Intrinsic and Extrinsic Motivations: Classic Definitions and new Directions. " *Contemporary Educational Psychology*, 25 (1): 54 –67.

Samiee, S. (2010), " Advancing the Country Image Construct—A Commentary Essay. " *Journal of Business Research*, 63 (4): 442 – 445.

Samiee, S. , T. A. Shimp et al. (2005), "Brand Origin Recognition Accuracy: Its Antecedents and Consumers' Cognitive Limitations. " *Journal of International Business Studies*, 379 – 397.

Schaefer, A. (1997), " Consumer Knowledge and Country of Origin

Effects. " *European Journal of Marketing*, 31 (1): 56 – 72.

Schermuly, C. C., R. A. Schermuly et al. (2011), "Effects of Vice – principals' Psychological Empowerment on Job Satisfaction and Burnout. " *International Journal of educational management*, 25 (3): 252 – 264.

Shaffer, T. R. and B. S. O'Hara (1995), "The Effects of Country – of – origin on Trust and Ethical Perceptions of Legal Services. " *Service Industries Journal*, 15 (2): 85 – 162.

Sharma, P. (2011), "Demystifying Cultural Differences in Country – of – origin Effects: Exploring the Moderating Roles of Product Type, Consumption Context, and Involvement. " *Journal of International Consumer Marketing*, 23 (5): 344 – 364.

Sharma, S., T. A. Shimp et al. (1995), "Consumer Ethnocentrism: A Test of Antecedents and Moderators. " *Journal of the Academy of Marketing Science*, 23 (1): 26 – 37.

Shenkar, O. (2001), "Cultural Distance Revisited: Towards a More Rigorous Conceptualization and Measurement of Cultural Differences. " *Journal of International Business Studies*: 519 – 535.

Shimp, T. A. and S. Sharma (1987), "Consumer Ethnocentrism: Construction and Validation of the Cetscalc. " *Journal of marketing research*: 280 – 289.

Shostack, G. L. (1977), "Breaking Free from Product Marketing. " *Journal of Marketing*, 41 (2): 73 – 80.

Shroff, R. H., D. Vogel et al. (2007), "Student E – learning Intrinsic Motivation: A Qualitative Analysis. " *Communications of AIS*, 19: 241 – 260.

Speece, M. and D. P. Nguyen (2005), "Countering Negative Country – of – origin with Low Prices: A Conjoint Study in Vietnam. " *Journal of Product & Brand Management*, 14 (1): 39 – 48.

Suanet, I. and F. J. R. Van De Vijver (2009), "Perceived Cultural Distance and Acculturation among Exchange Students in Russia." *Journal of Community & Applied Social Psychology*, 19 (3): 182 – 197.

Thelen, S. T., E. D. H. Jr et al. (2010), "Services Offshoring: Does Perceived Service Quality Affect Country – of – service Origin Preference?" *Managing Service Quality*, 20 (3): 196 – 212.

Thelen, S. T., T. K. Thelen et al. (2009), "An Introduction to the Offshore Service Ethnocentrism Construct." *Services Marketing Quarterly*, 30 (1): 1 – 17.

Tihanyi, L., D. A. Griffith et al. (2005), "The Effect of Cultural Distance on Entry Mode Choice, International Diversification, and MNE Performance: A Meta – analysis." *Journal of International Business Studies*, 36 (3): 270 – 283.

Tse, A. C. B., W. K. Chan et al. (1996), "The Impact of Country of Origin on the Behavior of Hong Kong Consumers." *Journal of International Marketing and Marketing Research*, 21 (1): 39 – 44.

Tse, D. K. and L. Wei – na (1993), "Removing Negative Country Images: Effects of Decomposition, Branding, and Product Experience." *Journal of International Marketing*, 1 (4): 25 – 48.

Usunier, J. – C. (2011), "The Shift from Manufacturing to Brand Origin: Suggestions for Improving COO Relevance." *International Marketing Review*, 28 (5): 486 – 496.

Usunier, J. C. (2010), "Social Status and Country – of – origin Preferences." *Journal of Marketing Management*, 10 (8): 765 – 782.

Vandermerwe, S. and M. Chadwick (1989), "The Internationalisation of Services." *Service Industries Journal*, 9 (1): 79 – 93.

Vargo, S. L. and R. F. Lusch (2004), *Consumers' Evaluative Reference Scales and Social Judgment Theory*, Emerald Group Publishing Limited.

Vargo, S. L. and R. F. Lusch (2004), "The four Service Marketing Myths: Remnants of a Goods – based, Manufacturing Model." *Journal of Service Research*, 6 (4): 324 – 335.

Verlegh, P. W., J. – B. E. Steenkamp et al. (2005), "Country – of – origin Effects in Consumer Processing of Advertising Claims." *International Journal of Research in Marketing*, 22 (2): 127 – 139.

Verlegh, P. W. J. and J. – B. E. M. Steenkamp (1999), "A Review and Meta – analysis of Country – of – origin Research." *Journal of Economic Psychology*, 20 (5): 521.

Ward, M. R. and M. J. Lee (2000), "Internet Shopping, Consumer Search and Product Branding." *Journal of Product & Brand Management*, 9 (1): 6 – 20.

Weiermair, K. and M. Fuchs (2000), "The Impact of Cultural Distance on Perceived Service Quality Gaps." *Journal of Quality Assurance in Hospitality & Tourism*, 1 (2): 59 – 75.

Winsted, K. F. and P. G. Patterson (1998), "Internationalization of Services: The Service Exporting Decision." *Journal of Services Marketing*, 12 (4): 294 – 311.

Yasin, N. M., M. N. Noor et al. (2007), "Does Image of Country – of – origin Matter to Brand Equity?" *Journal of Product & Brand Management*, 16 (1): 38 – 48.

Zeithaml, V., A. Parasuraman et al. (1990), "Delivering Quality Service: Balancing Perceptions and Expectations." *Journal of Marketing*, 62 (2): 123 – 125.

Zeithaml, V. A. (1981), *How Consumer Evaluation Processes Differ Between Goods and Services*. Chicago, American Marketing Association.

Zeithaml, V. A. (1988), "Consumer Perceptions of Price, Quality, and Value: A Means – end Model and Synthesis of Evidence." *the*

Journal of Marketing：2 – 22.

Zhang，Y.（1997），" Country – of – origin Effect：The Moderating Function of Individual Difference in Information Processing." *International Marketing Review*，14（4）：266 – 287.

附　　录

消费者访谈提纲

一　访谈目的

访谈目的主要有三个：一是确认服务领域是否存在来源国效应；二是在服务领域背景下，从消费者、服务角度突出来源国效应的变化，即与产品来源国相比，来源国与服务评价间的关系可能会受到哪些因素的调节；三是探讨典型的有跨国服务情境及来源国效应的作用解释机制等，为后续实验研究打下基础。

二　访谈形式

本次访谈采取一对一的深度访谈形式进行，每位消费者受访时间为30—45分钟（如果某些受访者时间充裕，而下一个时间段又并没有安排受访者，可以考虑适当延长访谈时间，但不会超过45分钟）。分成两组执行，每组访谈消费者6人，一共12人。一组由张辉主持，另外一组由谢志鹏主持。

三　访谈对象

18位受访人的性别、年龄、受教育水平和收入水平上最好呈错落分布。男女比例最好为9∶9；年龄分布上要求20岁档、30岁档、40岁档和50岁档的比例大概为5∶4∶2∶1；受教育水平最好为大专以上（方便沟通）。

四　访谈时间

2011年9月15日至10月20日，上午9∶00—12∶00，下午

14：00—17：00。

考虑到受访者的时间便利，请征询其方便的时间段后进行安排。

访谈安排表

第一组（张）		第二组（谢）	
时间段	受访者	时间段	受访者
9：00—9：30	杨××	9：30—10：00	朴××
……	×××	……	×××
……	×××	……	×××
……	×××	……	×××

五　访谈内容

内容一：说明访谈背景并热身	时间	累计
	5分钟	5分钟

欢迎受访者。

告知访谈目的：介绍访谈的背景为科研项目获取资料所需，主题名为"来源国对服务评价的影响"，并进行相应解释。

告知访谈规则：所有的资料都会保密，只用于统计研究，鼓励受访者积极踊跃地发言。意见无错对之分，每一条意见都很重要，鼓励受访者说出不同的想法和意见。

请受访者做自我介绍：姓名、工作、爱好等

内容二：了解受访者对服务评价的感受	时间	累计
	15	20

您常接触的服务有哪些？国内外您所经历的哪些服务留给您的印象较为深刻（尽量罗列不同服务，至少列5种以上）？

您怎么看待服务的来源国家，如，来自美国和印度的服务在感觉上会有差异吗？

对哪些服务会更关注来源国家？这些服务有些什么特征？

对于常常经历的服务，在选择时还会考虑服务来源国家吗？

在不同文化背景下，你会如何选择服务？是否会选择文化相近的国家服务呢

内容三：消费者对中国服务的印象	时间	累计
	10	30

您觉得，中国服务如何？哪些中国服务做得较出色？与国外服务相比，还有哪些方面需要进一步提升

实验一　问卷示例

编号：　　　　　　　　　　　　　　问卷类型：

您好！我们是武汉大学市场营销研究中心，正在进行一项研究性的调查。希望占用您一点宝贵的时间，填写一下下面的问卷。本调查不记名，只为学术研究，不做商业用途，回答没有对错，请按照您的真实意愿填写。对您提供的资料，我们会做保密处理。请您放心填写，谢谢！

请认真阅读以下文字，并在您想选择答案的对应方框内画钩（"√"），谢谢！

据 2011 年 4 月 24 日《金融时报》报道，自 2007 年 7 月以来，泰国 ACL 银行全面进入中国内地市场，在各大中城市建立网点 90 余处，网点数以每年 20% 以上的速度继续扩张。同时，开通了网上银行、电话银行和自助银行等分销渠道。ACL 银行向公司客户和个人客户提供广泛的金融产品和服务，包括汇兑、借贷、信用卡、理财等。

由于网上购物需要对公汇款给企业，您就近来到 ACL 银行网点，网点大厅整洁，装修气派。大厅中显眼位置呈现了办理各种业务的流程，利用流程图的方式，每一步介绍都十分清晰。简要了解后，直接到服务窗口办理。其间，所有手续都有相应指引。办理完后，被告知对方账户已收到相应汇款，并得到了完整业务回执。

		完全不同意	基本不同意	不知道	基本同意	完全同意
IN1	对于 ACL 银行的对公汇款业务，我有非常清晰的认识					
IN2	我很清楚 ACL 银行的对公汇款业务流程					
IN3	很难对 ACL 银行的对公汇款业务进行描述					
IN4	ACL 银行的对公汇款业务流程容易把握					
IN5	ACL 银行的对公汇款业务质量难以把握					

		完全不同意	基本不同意	不知道	基本同意	完全同意
K1	我拥有很多关于银行方面的知识					
K2	在我的朋友圈中，我算得上这方面的"专家"					
K3	我知道很多外资银行					
K4	我很了解银行各种业务					
K5	我并没有掌握多少与银行相关的知识					

		完全不同意	不同意	不知道	同意	完全同意
S1	我从 ACL 银行获得的服务质量非常高					
S2	我从 ACL 银行接受的服务非常优秀					
S3	ACL 银行提供了较高质量的服务					

		完全不同意	基本不同意	不知道	基本同意	完全同意
R1	ACL 银行服务会出错或流程不畅					
R2	ACL 银行服务有可能造成我经济上的损失					
R3	ACL 银行运营方式风险很大					

		完全 不同意	基本 不同意	不知道	基本 同意	完全 同意
T1	ACL 银行感觉有很强的正义感					
T2	ACL 银行会信守承诺					
T3	我认为 ACL 银行十分可靠					
T4	ACL 银行有很强的能力服务顾客					
T5	ACL 银行有必要的知识和资源满足顾客 需要					

		完全 不同意	基本 不同意	不知道	基本 同意	完全 同意
P1	我会考虑在 ACL 银行开展业务					
P2	我十分乐意接受 ACL 银行服务					
P3	我在 ACL 银行开户的可能性很高					

1. 您的性别是：

①男　　　　②女

2. 您的年龄是：

①20 岁以下　②20—30 岁　③30—40 岁　④40—50 岁

⑤50 岁及以上

3. 您的月收入是：

①1000 元以下　　　　②1000—2000 元

③2000—3000 元　　　④3000—5000 元

⑤5000 元及以上

4. 您的受教育水平是：

①高中及以下　②大学本科　③硕士及以上

5. 您的籍贯是＿＿＿＿＿省（请填写）。

谢谢您！

实验二 问卷示例

编号：   问卷类型：

您好！我们是武汉大学市场营销研究中心，正在进行一项研究性的调查。希望占用您一点宝贵的时间，填写一下下面的问卷。本调查不记名，只为学术研究，不做商业用途，回答没有对错，请按照您的真实意愿填写。对您提供的资料，我们会做保密处理。请您放心填写，谢谢！

请认真阅读以下文字，并在您想选择答案的对应方框内画钩（"√"），谢谢！

据 2011 年 4 月 24 日《金融时报》报道，自 2007 年 7 月以来，泰国 ACL 银行全面进入中国内地市场，在各大中城市建立网点 90 余处，网点数以每年 20% 以上的速度继续扩张。同时，开通了网上银行、电话银行和自助银行等分销渠道。ACL 银行向公司客户和个人客户提供广泛的金融产品和服务，包括汇兑、借贷、信用卡、理财等。

由于最近股市不太景气，您想将投资转到 ACL 银行的理财项目。ACL 银行网点大厅整洁，装修简洁气派。大厅中显眼位置呈现了办理各种业务的流程，利用流程图的方式，每一步介绍都十分清晰。您来到 ACL 银行自助理财室，首先查看了一些理财项目的介绍，主要是一些收益率、投资周期内容。将自己对收益的要求、资金的情况等输入后，屏幕弹出内容，进行交互操作，由电脑程序生成了相关建议，并将相关理财项目资料自动发送到您的邮箱。

		完全 不同意	基本 不同意	不知道	基本 同意	完全 同意
IN1	对于 ACL 银行的对公汇款业务，我有非常 清晰的认识					
IN2	我很清楚 ACL 银行的对公汇款业务流程					
IN3	很难对 ACL 银行的对公汇款业务进行描述					
IN4	ACL 银行的对公汇款业务流程容易把握					
IN5	ACL 银行的对公汇款业务质量难以把握					
In1	ACL 银行员工花费大量日常工作时间与顾 客面对面接触					
In2	ACL 银行员工花费大量时间直接处理与顾 客相关事务					
In3	进行服务时，ACL 银行经常直接面对顾客 去交换信息					
In4	ACL 银行提供的服务需要顾客与员工一起 紧密合作					

		完全 不同意	基本 不同意	不知道	基本 同意	完全 同意
K1	我拥有很多关于银行方面的知识					
K2	在我的朋友圈中，我算得上这方面的"专 家"					
K3	我知道很多外资银行					
K4	我很了解银行各种业务					
K5	我并没有掌握多少与银行相关的知识					

		完全 不同意	基本 不同意	不知道	基本 同意	完全 同意
S1	我从 ACL 银行获得的服务质量非常高					
S2	我从 ACL 银行接受的服务非常优秀					
S3	ACL 银行提供了较高质量的服务					

		完全 不同意	基本 不同意	不知道	基本 同意	完全 同意
R1	ACL 银行服务会出错或流程不畅					
R2	ACL 银行服务有可能造成我经济上的损失					
R3	ACL 银行运营方式风险很大					

		完全 不同意	基本 不同意	不知道	基本 同意	完全 同意
T1	ACL 银行感觉有很强的正义感					
T2	ACL 银行会信守承诺					
T3	我认为 ACL 银行十分可靠					
T4	ACL 银行有很强的能力服务顾客					
T5	ACL 银行有必要的知识和资源满足顾客需要					

		完全 不同意	基本 不同意	不知道	基本 同意	完全 同意
P1	我会考虑在 ACL 银行开展业务					
P2	我十分乐意接受 ACL 银行服务					
P3	我在 ACL 银行开户的可能性很高					

1. 您的性别是：

①男　　　　②女

2. 您的年龄是：

①20 岁以下　②20—30 岁　③30—40 岁　④40—50 岁

⑤50 岁及以上

3. 您的月收入是：

①1000 元以下　　　　　②1000—2000 元

③2000—3000 元　　　　④3000—5000 元

⑤5000 元及以上

4. 您的受教育水平是：

①高中及以下　②大学本科　　③硕士及以上

5. 您的籍贯是_____省（请填写）。

谢谢您！

实验三　问卷示例

编号：　　　　　　　　　　　　　　问卷类型：

您好！我们是武汉大学市场营销研究中心，正在进行一项研究性的调查。希望占用您一点宝贵的时间，填写一下下面的问卷。本调查不记名，只为学术研究，不做商业用途，回答没有对错，请按照您的真实意愿填写。对您提供的资料，我们会做保密处理。请您放心填写，谢谢！

请认真阅读以下文字，并在您想选择答案的对应方框内画钩（"√"），谢谢！

据 2011 年 4 月 24 日《金融时报》报道，自 2007 年 7 月以来，泰国 ACL 银行全面进入中国内地市场，在各大中城市建立网点 90 余处，网点数以每年 20% 以上的速度继续扩张。同时，开通了网上银行、电话银行和自助银行等分销渠道。ACL 银行向公司客户和个人客户提供广泛的金融产品和服务，包括汇兑、借贷、信用卡、理财等。

		完全 不同意	基本 不同意	不知道	基本 同意	完全 同意
K1	我拥有很多关于银行方面的知识					

续表

		完全 不同意	基本 不同意	不知道	基本 同意	完全 同意
K2	在我的朋友圈中，我算得上这方面的"专家"					
K3	我知道很多外资银行					
K4	我很了解银行各种业务					
K5	我并没有掌握多少与银行相关的知识					

		完全 不同意	基本 不同意	不知道	基本 同意	完全 同意
S1	我从 ACL 银行获得的服务质量非常高					
S2	我从 ACL 银行接受的服务非常优秀					
S3	ACL 银行提供了较高质量的服务					

		完全 不同意	基本 不同意	不知道	基本 同意	完全 同意
R1	ACL 银行服务会出错或流程不畅					
R2	ACL 银行服务有可能造成我经济上的损失					
R3	ACL 银行运营方式风险很大					

		完全 不同意	基本 不同意	不知道	基本 同意	完全 同意
T1	ACL 银行感觉有很强的正义感					
T2	ACL 银行会信守承诺					
T3	我认为 ACL 银行十分可靠					
T4	ACL 银行有很强的能力服务顾客					
T5	ACL 银行有必要的知识和资源满足顾客需要					

		完全 不同意	基本 不同意	不知道	基本 同意	完全 同意
P1	我会考虑在 ACL 银行开展业务					
P2	我十分乐意接受 ACL 银行服务					
P3	我在 ACL 银行开户的可能性很高					

1. 您的性别是：

①男　　　　②女

2. 您的年龄是：

①20 岁以下　②20—30 岁　③30—40 岁　④40—50 岁

⑤50 岁及以上

3. 您的月收入是：

①1000 元以下　　　　②1000—2000 元

③2000—3000 元　　　④3000—5000 元

⑤5000 元及以上

4. 您的受教育水平是：

①高中及以下　②大学本科　　③硕士及以上

5. 您的籍贯是_____省（请填写）。

谢谢您！

实验四　问卷示例

编号：　　　　　　　　　　　　　问卷类型：

您好！我们是武汉大学市场营销研究中心，正在进行一项研究性的调查。希望占用您一点宝贵的时间，填写一下下面的问卷。本调查不记名，只为学术研究，不做商业用途，回答没有对错，请按照您的真实意愿填写。对您提供的资料，我们会做保密处理。请您放心填写，谢谢！

请认真阅读以下文字，并在您想选择答案的对应方框内画钩（"√"），谢谢！

据 2011 年 4 月 24 日《金融时报》报道，自 2007 年 7 月以来，泰国 ACL 银行全面进入中国内地市场，在各大中城市建立网点 90 余处，网点数以每年 20% 以上的速度继续扩张。同时，开通了网上银行、电话银行和自助银行等分销渠道。ACL 银行向公司客户和个人客户提供广泛的金融产品和服务，包括汇兑、借贷、信用卡、理财等。

		完全不同意	基本不同意	不知道	基本同意	完全同意
K1	我拥有很多关于银行方面的知识					
K2	在我的朋友圈中，我算得上这方面的"专家"					
K3	我知道很多外资银行					
K4	我很了解银行各种业务					
K5	我并没有掌握多少与银行相关的知识					

		完全不同意	基本不同意	不知道	基本同意	完全同意
S1	我从 ACL 银行获得的服务质量非常高					
S2	我从 ACL 银行接受的服务非常优秀					
S3	ACL 银行提供了较高质量的服务					

		完全不同意	基本不同意	不知道	基本同意	完全同意
R1	ACL 银行服务会出错或流程不畅					

续表

		完全 不同意	基本 不同意	不知道	基本 同意	完全 同意
R2	ACL 银行服务有可能造成我经济上的损失					
R3	ACL 银行运营方式风险很大					

		完全 不同意	基本 不同意	不知道	基本 同意	完全 同意
T1	ACL 银行感觉有很强的正义感					
T2	ACL 银行会信守承诺					
T3	我认为 ACL 银行十分可靠					
T4	ACL 银行有很强的能力服务顾客					
T5	ACL 银行有必要的知识和资源满足顾客需要					

		完全 不同意	基本 不同意	不知道	基本 同意	完全 同意
P1	我会考虑在 ACL 银行开展业务					
P2	我十分乐意接受 ACL 银行服务					
P3	我在 ACL 银行开户的可能性很高					

1. 您的性别是：

①男　　　　②女

2. 您的年龄是：

①20 岁以下　　②20—30 岁　　③30—40 岁　　④40—50 岁

⑤50 岁及以上

3. 您的月收入是：

①1000 元以下　　　　　　②1000—2000 元

③2000—3000 元　　　　　④3000—5000 元

⑤5000 元及以上

4. 您的受教育水平是：

①高中及以下　②大学本科　　③硕士及以上

5. 您的国籍是＿＿＿＿＿＿＿，已在中国生活＿＿＿＿＿＿＿年（请填写）。

谢谢您！

致　　谢

　　书稿从构思、撰写到出版，前前后后几年的时间，得到了很多老师、同门、同事的帮助与指导。

　　我的导师武汉大学汪涛教授对书稿的完成给予了悉心指导。崔楠师兄、徐岚师姐、刘洪深、周玲、张琴、牟宇鹏等同门对书稿内容提出了许多好的意见和建议。湖北工程学院的多位领导、同事为本书的完成提供了经费上的帮助、时间上的便利。我的妻子余婧、女儿张译文对书稿写作占用大量陪伴时间给予了很大程度的理解，儿子张修诚让写作外的时光更为快乐。王曦博士和中国社会科学出版社编辑人员对书稿编排、设计、校对做了大量工作。

张辉

2017 年 12 月 31 日